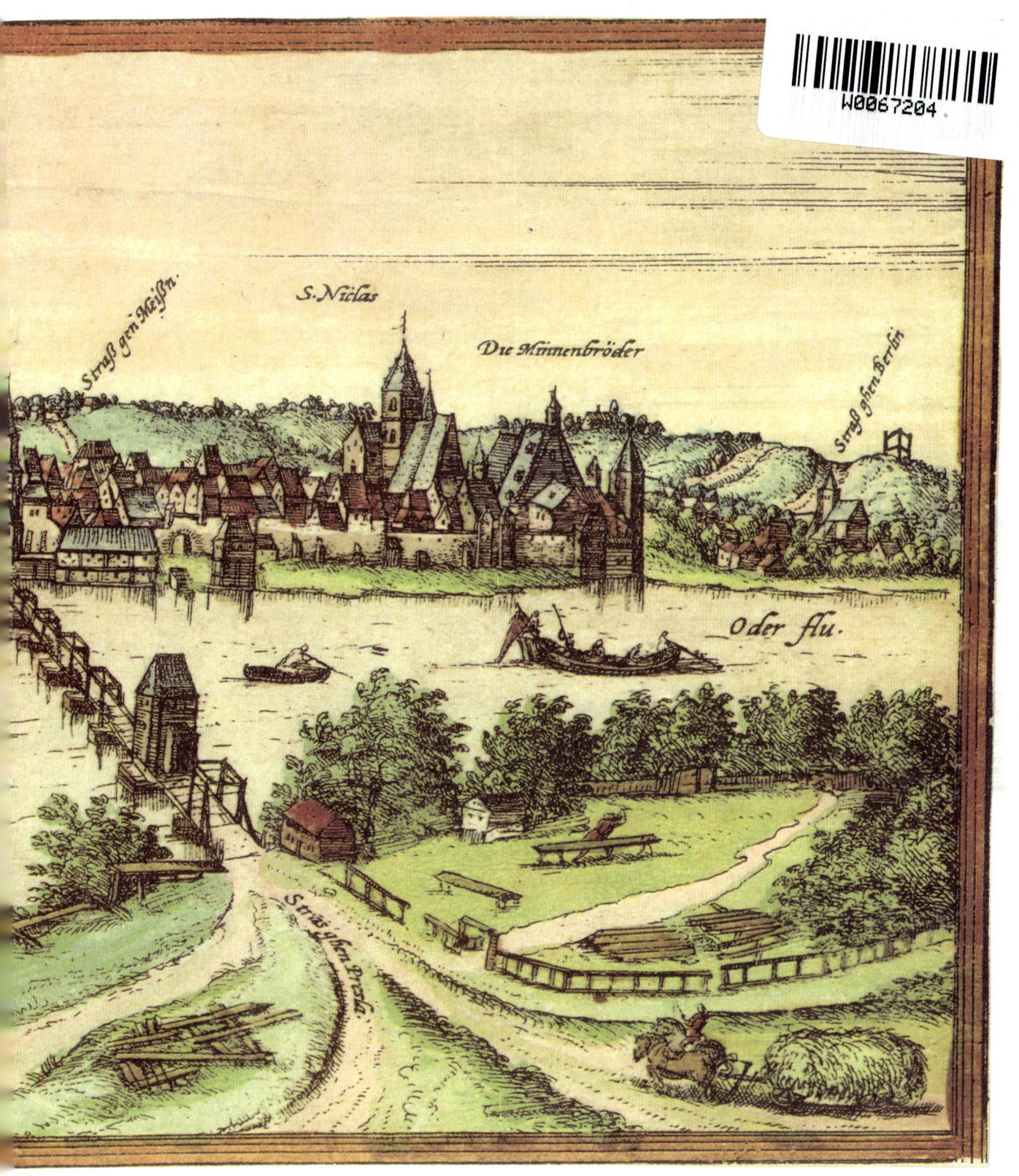

Straß gen Meißn.

S. Niclas

Die Minnenbröder

Straß ghen Berlin

Oder flu.

Straß ghen Prösla

W0067204

FRANKFURT/ODER

Porträt einer Brückenstadt

Ostdeutsche Städtebilder/VII

Bis Band IV: Ostmitteleuropäische Geschichte in Bildern und Dokumenten
Eine Buchreihe der Stiftung Ostdeutscher Kulturrat
Redaktion: Hans-Günther Parplies

Band I: Lodz — Die Stadt der Völkerbegegnung im Wandel der Geschichte, Köln 1978
Band II: Reval/Tallinn — Porträt einer Ostseestadt 1220 bis 1980, Köln 1979
Band III: Hermannstadt — Eine deutsche Gründung in Südosteuropa, Köln 1980
Band IV: Troppau — Schlesische Hauptstadt zwischen Völkern und Grenzen, Berlin/Bonn 1984
Band V: Elbing — Aus 750 Jahren Geschichte der Ordens-, Hanse- und Industriestadt, Berlin/Bonn 1989
Band VI: Königsberg — Die ostpreußische Hauptstadt in Geschichte und Gegenwart, Berlin/Bonn 1990

Titelbild:

Walter Zickerow (1884—1958): Blick auf die Oderbrücke und die Altstadt,
von der Frankfurter Dammvorstadt gesehen; Aquarell, Mitte 1944

CIP-Titelaufnahme der Deutschen Bibliothek:

Stribrny, Wolfgang:
Frankfurt, Oder : Porträt einer Brückenstadt / von Wolfgang Stribrny
und Fritz Zäpke. — Bad Münstereifel : Westkreuz-Verlag Berlin/Bonn, 1990
(Ostdeutsche Städtebilder ; Bd. 7)
ISBN 3-922131-75-1
NE: Zäpke, Fritz; GT

© 1990 Westkreuz-Verlag Berlin/Bonn, 5358 Bad Münstereifel
Herstellung: Westkreuz-Druckerei Berlin/Bonn, 1000 Berlin 49

FRANKFURT/ODER

Porträt einer Brückenstadt

von

WOLFGANG STRIBRNY

und

FRITZ ZÄPKE

WESTKREUZ-VERLAG BERLIN/BONN 1990

Blick auf die Altstadt von Osten her (vor 1945).

Einführung

*„Ein Kränzelein von Rosen,
ein Sträußelein von Klee.
Zu Frankfurt auf der Brücke,
da liegt ein tiefer Schnee.*

*Der Schnee, der ist zerschmolzen,
das Wasser läuft dahin;
kommst mir aus meinen Augen,
kommst mir nicht aus dem Sinn."*

(Altes ostpreußisches Spinnstubenlied:
„Es dunkelt schon über der Heide")

„Die Gegend, in welcher die Stat lieget, ist ohnestreitig eine der allerangenehmsten Gegenden, welche die Mark aufzuweisen hat. Von den Bergen läßt sich die unten ausgebreitete Gegend als ein weitläufiges mit den angenehmsten Veränderungen spielendes Thal ansehen."

(Johann Christoph Beckmann, 1706)

„Wenn von schönen Gegenden der Mark die Rede ist, so gehören die romantischen Ufer der Oder bei Frankfurt mit in die erste Reihe. Sie gewähren Bilder und Eindrücke, welche den an die spöttischen Klagen über die märkischen Landschaften Gewöhnten überraschen werden."

(Heinrich Berghaus, 1854)

„Nun lag auch Cliestow zurück . . . Über das weit nach rechts hin gebreitete Plateau waren zahlreiche Gehöfte ausgestreut, während nach links hin das ganz in der Tiefe liegende, nur von Kropfweiden eingefaßte Odertal sich schlängelte. Und in ebendieser Tiefe, keine halbe Stunde mehr . . . entfernt, stieg jetzt auch das Ziel der Fahrt, die Stadt selber herauf, deutlich erkennbar an dem gekupferten Hut der Oberkirche und den vielen goldenen Kugeln, die wie Butterblumenknospen das grüne Spitzdach umstanden."

„Ich zähle sieben Kirchen", sagte Bamme . . . „Es scheint eine große Stadt, größer als ich dachte."

5

„Der eigentliche Kern ist klein", antwortete Berndt. „Aber die Vorstädte strecken sich weit hinaus. Sehen Sie drüben die Dammvorstadt, fast eine Stadt für sich. Und dahinter Kunersdorf, blutigen Schlachtenangedenkens. Hier auf unserer Seite des Flusses sind wir friedlicher. Die lange Häuserlinie dort ist die Lebuser Vorstadt."

(Theodor Fontane:
Vor dem Sturm, erschienen 1878)

Blick vom Prinzenufer;
Federzeichnung von Max Heilmann.

„Und weil Frankfurt so groß ist,
darum teilt man es ein
In Frankfurt an der Oder
und Frankfurt am Main."
(Schnadahüpfel, 20. Jahrhundert)

„Am rechten Ufer des großen Stromes entlang, welcher dort seine grauen Fluten durch den östlichen Teil der Norddeutschen Tiefebene der Ostsee entgegenwälzt, war ein hoher Erddamm aufgeworfen, der das rechtsseitige, flache Ufergelände vor den Überschwemmungen des Flusses schützen sollte, wenn dieser im Frühjahre mit Hochwasser ging. Der Damm war unabsehbar lang, denn auf Meilen hin ist das rechte Ufer dort ganz flach, während das linke in Abhängen herabsteigt, an deren Fuße die Stadt gelegen war . . . Der Strom nämlich, wie man in jener Gegend zu sagen pflegte, ,hatte es in sich'. Im Sommer oft so flach, daß die Schiffer ihre Kähne nur mit Mühe und Not auf ihm weiterstoßen konnten, kam er im Frühjahre und manchmal, wenn es in den Gebirgen geregnet hatte, auch später noch, plötzlich wild und toll einhergetanzt. Dann wurde sein mürrisch graues Wasser braun und gelb, Blasen stiegen auf und quirlten zusammen, und soweit sie vermochten, griffen die Arme des landschleichenden Gesellen über das flache Ufer hinaus wie die eines Bettlers, der plötzlich reich geworden ist und nun gleich alles haben möchte. In solchen Zeiten war es dann auf dem Damme besonder schön: man sah, wie das gierige Gewässer an den Erdwällen höher und höher klomm, und wenn der Nordwind über das flache Land dahergefegt kam und die widerspenstigen Wellen des Flusses zurück und an die Wände des Dammes warf, wenn dann Sturmesgebrause und Wassergetöse zu einem öden, einförmigen, den ganzen Raum zwischen Himmel und Erde erfüllenden, mächtigen Naturlaute ineinander tönte, dann fühlte man etwas vom Urzustande der Elemente und dem schauernden Dufte der Gefahr."

Ernst von Wildenbruch
(1845−1909)

Auwald und Altwasser am Eichwald.

Das bewegte Schicksal der Brückenstadt an der Oder wird in den schwankenden Bevölkerungszahlen deutlich, an denen sich die Katastrophen des Dreißigjährigen Krieges und des Zweiten Weltkrieges ablesen lassen. 1506: ungefähr 5500 Einwohner; 1618: 13 000; 1653: 2366; 1790: 13 213; 1840: 24 608; 1871: 42 564; 1905: 64 054; 1939: 76 990; 1946: 51 577; 1978: 75 000 (Dammvorstadt unter polnischer Verwaltung: 16 000) 1990: ungefähr wie 1939.

„Fuhrleute, schont eure Zugtiere"

stand bis 1945 am Kaiserberg, nicht weit von der Oderbrücke, zu lesen. Fremde können es sich schwer vorstellen, aber die Topographie Frankfurts wird durch erhebliche Höhenunterschiede

An der Oder (vor 1945).

Oderwiesen am Buschmühlenweg.

geprägt. Der Bahnhof liegt 37 m höher als die Oder, die nur 600 m entfernt ist (Frankfurter Oderpegel 18 m über NN). Zwischen dem Lebuser Land im Westen (im Frankfurter Stadtforst bei Rosengarten werden 131 m erreicht) und den Sternberger Höhen im Osten (Laudonsberge hinter dem Stadion 63 m) zwängt sich die Oder hindurch. Die Landschaft wurde in der letzten Eiszeit, der Weichseleiszeit, geprägt. Nördlich des Warschau-Berliner Urstromtales (Müllrose–Fürstenberg–Crossen) bildete sich eine Stauchmoräne (Lebuser und Sternberger Land), durch die die Ur-Oder dann nach Norden durchbrach. Der Oderstrom prägt die Stadt.

Findlinge, erratische Blöcke aus Skandinavien, teilweise von erheblichem Ausmaß, gemahnen an die Heimat der das Oderland einst bedeckenden Gletscher. Nach dem Abschmelzen der Gletscher blieben zahlreiche Feuchtgebiete, auch außerhalb des in viele Arme zerteilten Strombereichs, zurück. Die Naturlandschaft des Odertals war von Eichenwäldern geprägt. Im Stadtbereich haben sich mit dem Eichwald und dem Pfarrwinkel feuchte Auenwälder, die vom Menschen wenig verändert sind, bis zur Gegenwart erhalten. Die Hänge waren teilweise waldfrei und von einer Trockenrasen-(„pontischen")-Flora bedeckt.

Aus dem tertiären Untergrund stammen die Tone aus dem Südteil der Stadt, die für die Töpfer im Mittelalter und in der frühen Neuzeit wichtig waren. Die tertiäre Braunkohle von Kliestow im Norden war im 19. und frühen 20. Jahrhundert für die Frankfurter Industrie eine wichtige Energiebasis.

Vor der Stadtgründung

Aus dem 5. oder 4. Jahrtausend vor Christus finden sich erste Spuren menschlicher Ansiedlungen mit Ackerbau im heutigen Stadtgebiet (Kratzer und Schaber aus der Steinzeit wurden neuerdings sogar im Bereich der Richtstraße ausgegraben). Schon in der Bronzezeit gab es in Lebus und Lossow Burgwälle. Bei Lossow, auf der „steilen Wand" hoch über der Oder (südlich Frankfurt), fand man zahlreiche bis zu 8 m tiefe schachtartige Gruben mit Opfergaben von Tieren und Menschen aus der Zeit von etwa 1000 bis 500 vor Christus. Der Burgwall von Lossow ist noch heute bis zu 6 m hoch und bietet einen vorzüglichen Ausblick über das Odertal nach Osten.

Vom 4. Jahrhundert vor Christus bis etwa 400 nach Christus siedelten Germanen im märkischen Odergebiet. Als sie in der Völkerwanderung zum großen Teil abzogen, blieb ein nahezu siedlungsleerer Raum zurück.

Ab dem 7. Jahrhundert wanderten langsam Slawen ein, die sich zunächst in Burgwällen konzentrierten (Lebus und Lossow, Kliestow, Güldendorf). Nach dem Jahre 1000 begann langsam eine slawische ländliche Siedlung. Im Klingetal, bei den Nuhnen und am Westkreuz lagen slawische Ansiedlungen. Rechts der Oder befand sich Zliwitz (in der Nähe des heutigen Stadions). Oderübergang war Lebus, wo sich die Straße von Magdeburg über Köpenick nach Posen mit der Straße längs der Oder von Prag zur Ostsee schnitt. Ein Anstieg der Ostsee im 13. Jahrhundert und die damit einhergehende Vernässung des Odertals machten den Übergang bei Lebus schwer passierbar und einen Ersatz notwendig, der das Durchqueren großer Sumpfgebiete ersparte. Das Land Lebus an der mittleren Oder war seit dem 10. Jahrhundert Kontaktzone zwischen dem jungen deutschen und dem entsprechenden polnischen Staat. 1124/25 wurde das Bistum Lebus als polnisches Missionszentrum gegen die noch heidnischen Liutizen (Lausitzer) und um die polnischen Machtinteressen zu fördern gegründet. Der Zerfall Polens 1138 brachte das Lebuser Land an die schlesische Linie der Piasten, die es in wechselvollen Auseinandersetzungen bis ungefähr 1250 behaupteten. Seit dem Ende des 12. Jahrhunderts griffen immer wieder deutsche Territorialmächte im Lebuser Land ein. Die schlesischen Herzöge überließen schließlich das Land Lebus den Markgrafen von Brandenburg aus dem Haus Askanien, den Nachfahren Albrechts des Bären. Die Markgrafen begannen schon 1251 die Eroberung der

Der Burgwall von Lossow.

Neumark und des Sternberger Landes jenseits der Oder (zunächst noch unter Beteiligung der Erzbischöfe von Magdeburg, die erst 1287 ausgeschaltet wurden). Damit ging das Land an der mittleren Oder endgültig an die Markgrafschaft Brandenburg über, deren Schicksal es hinfort teilt.

Um 1200 werden sich die ersten deutschen Siedler an der mittleren Oder niedergelassen haben. Es kam vielfach zu einem friedlichen Miteinander von Deutschen und Slawen. So fanden sich in der Abfallgrube einer Töpferei im Süden von Frankfurt (Gubener Straße) slawische und deutsche Schmuckformen gemischt.

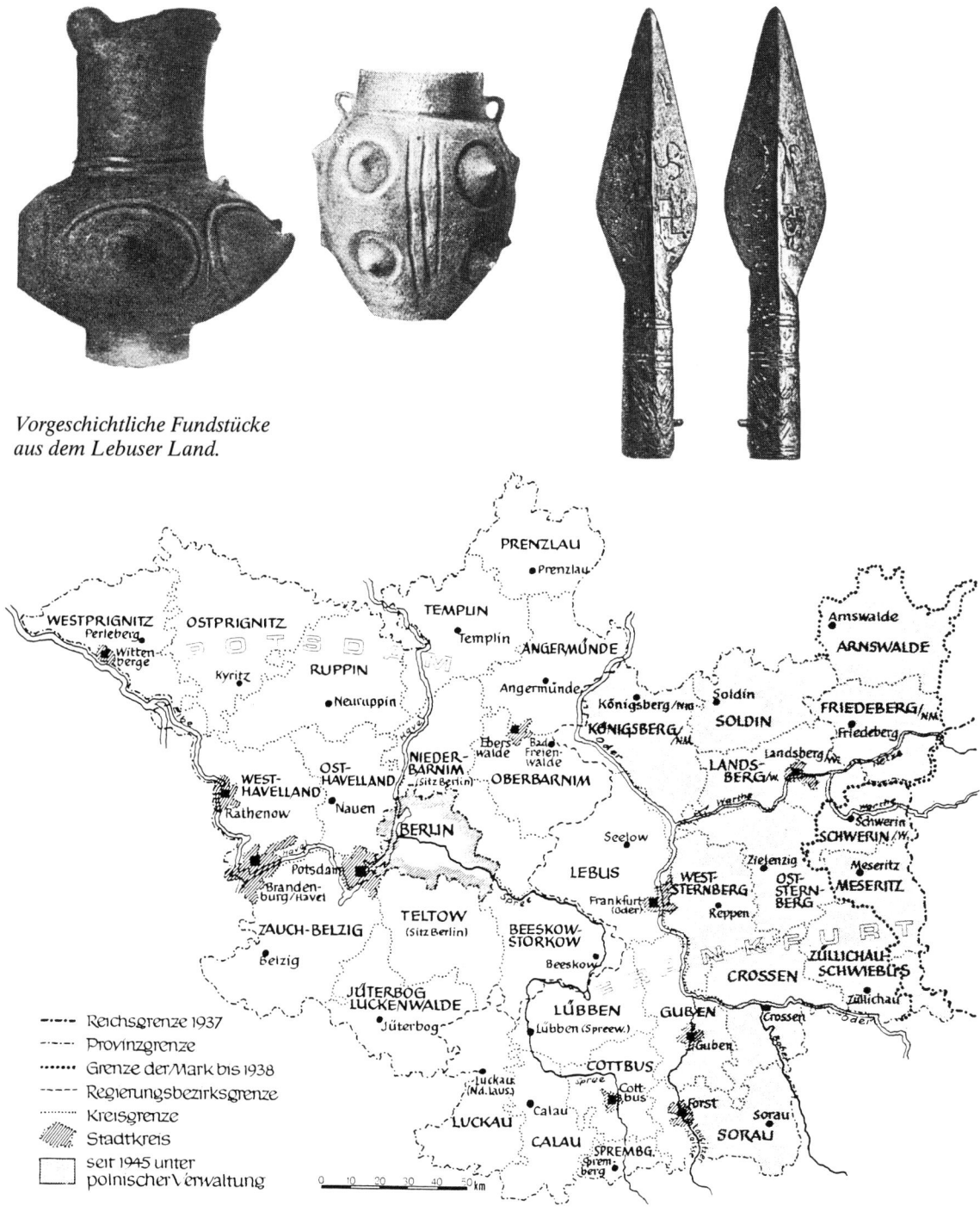

*Vorgeschichtliche Fundstücke
aus dem Lebuser Land.*

-·-·- Reichsgrenze 1937
-··-··- Provinzgrenze
········ Grenze der Mark bis 1938
- - - - Regierungsbezirksgrenze
············ Kreisgrenze
▨ Stadtkreis
▢ seit 1945 unter
polnischer Verwaltung

Provinz Mark Brandenburg 1815—1945.

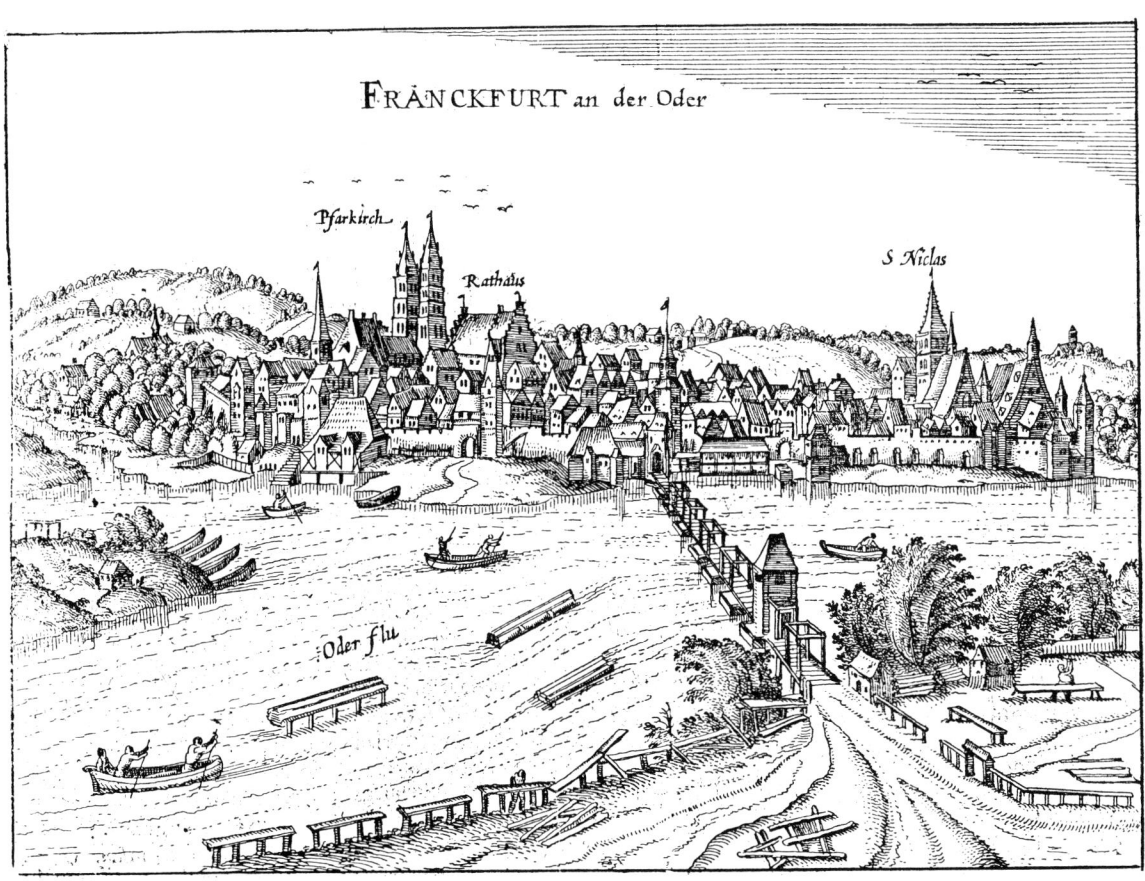

Kupferstich von Hagenberg, 1657 (von links: Gertraudenkirche, St. Marien, Rathaus, St. Nikolai, Franziskanerkirche).

Die Stadtgründung

Herzog Heinrich I. von Schlesien, Gatte der heiligen Hedwig, gründete um 1226 eine Marktsiedlung für deutsche Kaufleute. Sie lag auf einem Talsand im hier nur 2 km breiten, von Altwassern und Feuchtgebieten durchsetzten Odertal. Diese Siedlung entstand aus wilder Wurzel, das heißt, es gab hier keine slawische Vorgängersiedlung (das trifft auch auf Berlin zu). Die Kaufleute bauten eine ihrem Schutzheiligen Nikolaus geweihte erste Kirche, weshalb wir von der Nikolaisiedlung sprechen. Offenbar hatte gleich zu Anfang der (übrigens mehr im nahen Crossen als in Breslau residierende) Herzog Heinrich I. dem Markt das Stapelrecht verliehen. Die Siedlung um die Nikolaikir-

che hieß wohl von Anfang an Frankfurt. 1253 wird die Stadt erstmals genannt: Franckinfurd in der einen und Vrankenvorde in der anderen Urkunde. Später heißt sie (lateinisch) Francofurti ad Viadrum oder (deutsch) Frankenvorde uff der Odir. Im 20. Jahrhundert kürzt sie sich zunächst Frankfurt a. O. ab, bis sie ab 1910 amtlich Frankfurt/Oder heißt. Es blieb der „Deutschen Post" der DDR in ihren Abgrenzungsbemühungen gegenüber Westdeutschland vorbehalten, ab 1971 ohne Zusatz nur von „Frankfurt" zu sprechen. Offenbar sollte Frankfurt am Main außerhalb des Gesichtskreises der Mitteldeutschen liegen. Der Übereifer fand sonst im SED-Staat keine Nachahmer. – Bei dem Namen Frankfurt handelt es sich zweifellos um eine Übertragung. Frankfurt am Main gab also Frankfurt an der Oder seinen

Namen. Das heißt aber nicht, daß Bürger aus dem einen Frankfurt ins andere übersiedelten. Vielmehr werden die ersten Oderfrankfurter vorwiegend im niederdeutschen Raum zwischen Magdeburg und Flandern beheimatet gewesen sein.

Frankfurt wurde im Zuge der deutschen Ostsiedlung des Mittelalters gegründet. Sie stellt einen der entscheidenden Höhepunkte der deutschen Geschichte dar. Durch sie wurde nicht nur der deutsche Siedlungsraum ausgeweitet, sondern dank dem dadurch geschaffenen Miteinander von Slawen und Deutschen wurden die slawischen Länder in Europa integriert.

Viele im 13. Jahrhundert gegründete deutsche Städte haben eine Urkunde über die Verleihung des Stadtrechts, Frankfurt/Oder hat aber deren zwei (Berlin gar keine)! Die eine ist am Sonnabend, dem 12. Juli 1253, ausgestellt worden, die andere am Montag, 14. Juli 1253 (sie sind uns nur in mittelalterlichen Abschriften erhalten). Verfügt hat sie Markgraf Johann I., der zusammen mit seinem Bruder Otto III. die Mark von 1220 bis 1267 in großer Eintracht regierte. Beide gründeten insgesamt 31 Städte.

Eigentlich ging es um eine Erweiterung der Nikolaisiedlung, wobei es offenbar Unstimmigkeiten über die Rechte des Schultheißen Gottfried von Hertzberg gab. Die „Niederlage" (Stapelrecht) wird bestätigt. Der Bürgerschaft wird erlaubt, eine Brücke zu bauen. Auch wird daran gedacht, später jenseits der Oder eine neue Stadt an der Stelle von Zliwitz zu gründen. Frankfurt ist also von Anfang an als Brückenstadt auf beiden Ufern des Stroms geplant gewesen. Wirtschaftliche und rechtliche Probleme sollten nach Berliner Recht entschieden werden. Der Landesherr rechnete offenbar mit einer Blüte von Franckinfurd; jedenfalls waren nach den sieben steuerfreien Jahren doppelt so hohe Abgaben wie in vergleichbaren märkischen Neugründungen vorgesehen.

Nach 1253 wurde die Nikolaisiedlung stromaufwärts um das Dreifache erweitert. Der Stadtgrundriß von Frankfurt weist eine regelmäßige Gitterform mit geraden Straßen auf. Die spätere Breite Straße (früher Fisch- und Kornmarkt mit Planberg) stellt die Verbindung zum neuen Teil dar. Im Süden entsteht der Marktplatz (ursprünglich — wie in Schlesien — Ring genannt) mit dem Rathaus und der Hauptkirche St. Marien.

Die Stadt erhält bei der Gründung eine ausgedehnte Feldmark und erheblichen Waldbesitz. Die Frankfurter Stadtforsten, zum größten Teil ostwärts der Oder gelegen, umfaßten vor 1945 über 7000 Hektar und bildeten stets eine wichtige Einnahmequelle.

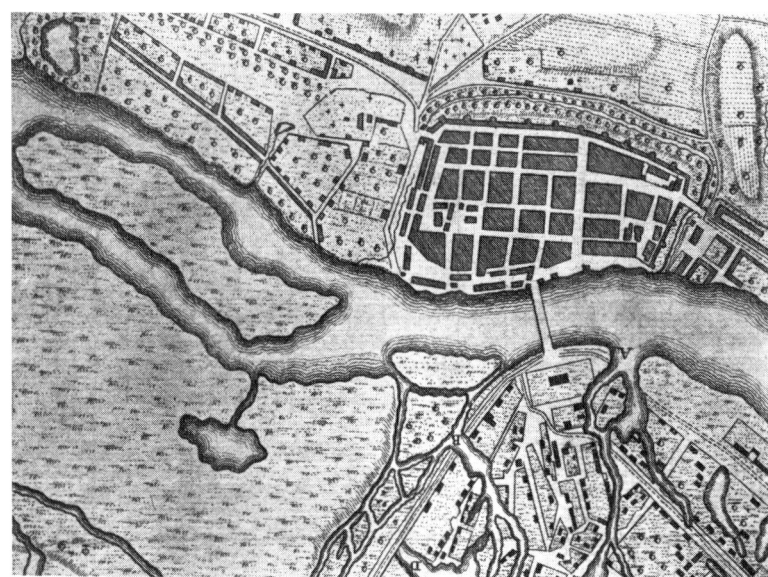

Stadtplan von 1785 (Westen ist oben). Die regelmäßige Anlage der Altstadt tritt hervor. Links die Gubener Vorstadt mit dem Anger, rechts die Lebuser Vorstadt. Die Hänge im Westen sind Weinberge. 1785 ist die Dammvorstadt von Ackerbürgern bewohnt.

Das Wappen

Schon das älteste erhaltene Siegel von 1294 zeigt das bis heute gültige Stadtwappen: einen roten Hahn mit goldenem Kamm und goldenen Füßen, der auf einem grünen Berg im weißen Feld steht. Oberhalb von ihm erhebt sich ein Stadttor, über dem ein Schild mit dem roten Adler der Mark schwebt. — Der Hahn ist ein seltenes Wappentier. Die Erklärung liegt wohl darin, daß man die Franken lateinisch Galli (Gallier) nannte. Da Gallus lateinisch der Hahn ist, erscheint der französisch-fränkische Hahn im Frankfurter Wappen.

Die Polen haben für den Stadtteil, den sie 1945 besetzten, ein eigenes Wappen konstruiert. Die eine Hälfte des gespaltenen Schildes zeigt bemerkenswerterweise auch den Hahn, die andere den halben polnischen Adler. Beide blicken wachsam gen Westen. Ein vorgestriger Nationalismus mußte selbst hier krampfhaft dokumentiert werden.

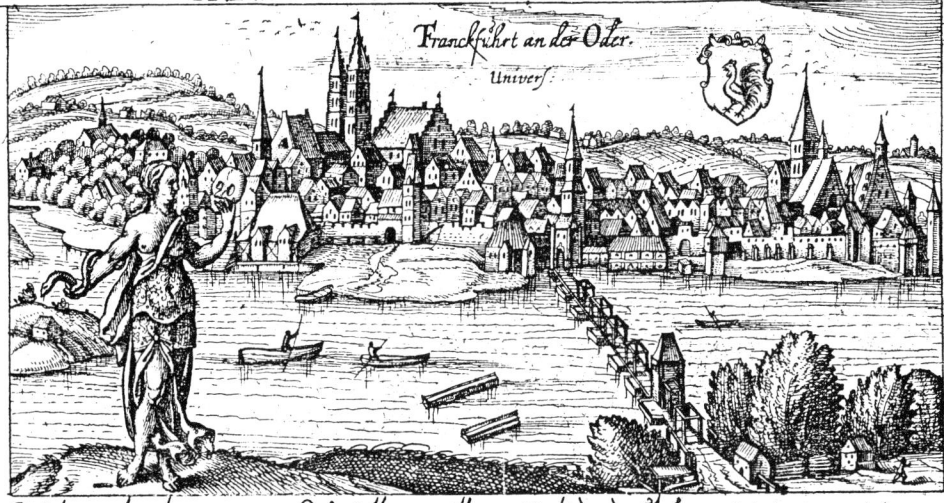

SÀPIENTER ET TEMPORE ET LOCO.

Franckfürt an der Oder.

Univers.

Quòd gerit hæc larvam, pon est ùt fallat: at illa   Undiq̈ quo vultùm vertat et omne notet.

Daß dieſe hier ein Larven führt,
Bdeut nicht, daß ſie iemand fallirt:

Sondern daß ſie ihr Gſicht hinwendt,
Alles wolmerckend, zu dem Endt.

Meisner:
Schatzkästlein,
1638.

13

Die Brücke von 1895 mit Friedenskirche (St. Nikolai) und Franziskanerkirche, rechts Industriegebiet.

Die Brücke

Eine Furt hat es nie gegeben. Vielmehr gab es vor dem Bau der Brücke, die schon in der Gründungsurkunde vorgesehen ist, vermutlich nur eine Fähre über die hier 200 m breite Oder. Die Stromenge bei Frankfurt besteht aus tückisch tonigem Untergrund. Ohne menschliches Zutun wären auch die Sumpfgebiete auf beiden Ufern schwer zu überwinden gewesen. Bis zum Bau der steinernen Stadtbrücke 1894/95 gab es nur Holzbrücken. Die erste wurde wohl bald nach 1300 erbaut. Gleichzeitig entstand wohl ein lebenswichtiger Hochwasserdamm auf dem Ostufer. Die regelmäßig im Frühjahr wiederkehrenden Hochwasser, der gefährliche Eisgang zur Winterzeit und kriegerische Ereignisse (zuletzt am 25. Februar 1813) führten zu häufigen Zerstörungen. Die Brücke ging ursprünglich von der Brücktorgasse aus und

Die Brücke von 1951 (Aufnahme 1990).

wurde vom Brücktor geschützt. Sie lag damit etwas südlich der heutigen Brücke, an der Nahtstelle von Nikolai- und Mariensiedlung. Die Brücke von 1895 wurde Mitte April 1945 von deutschen Soldaten gesprengt. Schon im Mai 1945 bauten sowjetische und polnische Pioniere eine Pontonbrücke. Im Sommer 1946 folgte eine hölzerne Behelfsbrücke von der Lebuser Mauerstraße zum Prinzenufer. 1949—1951 wurde auf den alten Fundamenten die heutige Brücke konstruiert. Seit 1870 überbrückte die Posener Bahn das breite Odertal mit einem imposanten Brükkenbauwerk, das nach 1945 in moderner Form wiederaufgebaut wurde. Schon während des Zweiten Weltkrieges hatte man an der Autobahnbrücke südlich der Eisenbahnbrücke gebaut. Bis heute gibt es keine Autobahn Berlin—Posen. Immerhin ist die einbahnige Autobahnbrücke schon in den fünfziger Jahren vollendet worden. 1972—1979 war für Mitteldeutsche und Polen eine relativ normale Passage der Grenzlinie ohne Visum möglich. Bis zu den weltbewegenden Ereignissen von 1989 mußten hier ein oft stundenlanges Warten und bürokratische bis schikanöse Kontrollen in Kauf genommen werden.

Von einer wirklichen „Friedensgrenze", einer bloßen Verwaltungslinie ist der heutige Zustand noch weit entfernt.

Heutige Eisenbahnbrücke.

Autobahnbrücke.

Bauten des Mittelalters

An Frankfurts mittelalterliche Blütezeit erinnern bis heute die drei alten Kirchen: St. Marien, St. Nikolai (auch Friedenskirche genannt) und die Franziskanerkirche sowie das Rathaus.

Die Marienkirche ist der „räumlich bedeutendste Bau der Mark Brandenburg" (Georg Dehio). Vergleichbar in der Größe ist nur die Prenzlauer Marienkirche. Der Kölner Dom ist nur 4 m breiter. Berlin hat erst seit der Vollendung des Domes (1905) eine größere Kirche zu bieten. In der Form gemahnt der Frankfurter Bau an Kirchen in Paderborn und Herford, ist freilich in Backstein ausgeführt. Die Marienkirche ist eine fünfschiffige Hallenkirche von drei Jochen mit Querschiff und dreijochigem Hallenumgangschor. Der Bau begann gleich 1253. Erhalten blieben nach der Brandstiftung durch plündernde Russen und Polen 1945 die Außenmauern und der mächtige Westbau (der ehemalige Südturm stürzte 1826

ein und wurde nicht wiederaufgebaut). Eine besondere Zierde der Kirche ist die Taufkapelle im Norden und der 1522 beendete Martyrchor mit Sakristei im Süden. Auf die Zeit nach 1373, als Kaiser Karl IV. aus dem Hause Luxemburg Herr der Mark war, weisen der böhmische Löwe und die Adlerwappen des Reiches und der Mark am Nordportal, das sich dem Marktplatz zuwendet.

Wer die Marienkirche vor 1945 erlebt hat, wird die prachtvolle mittelalterliche Ausstattung nie vergessen. Der 4,70 m hohe bronzene vergoldete siebenarmige Leuchter (um 1373), die mit dem Deckel ebenso hohe Bronzetaufe von 1376 (vermutlich in Frankfurt gegossen) und der Hochaltar von 1489 mit seinen Gemälden und Schnitzfiguren sind zur Zeit in der Gertraudenkirche in der Gubener Vorstadt aufgestellt und warten auf die Rückkehr an den Ort, für den sie bestimmt sind. Die Kunstwerke lassen „noch etwas von der Bedeutung der Stadt im Mittelalter ahnen". Die wertvollen mittelalterlichen Chorfenster, darunter stellte eines die seltsame Legende vom Antichrist

Adolph v. Menzel: Blick auf Rathaus und St. Marien; Aquarell von 1845.

16

St. Marien, Südseite (Zustand vor 1914).

dar, waren 1943 ausgebaut worden und überstanden das Kriegsende. Vielleicht finden sie sich noch eines Tages in Rußland wieder.

Die unter großen Opfern der Frankfurter Christen teilweise gesicherte Ruine mußte 1975 für 99 Jahre an den atheistischen Staat verpachtet werden. Seit 1980 wird das Gotteshaus als „Kulturforum" teilweise aufgebaut. Bei den Sicherungsarbeiten der letzten Jahre wurden hinter dem Stuck der Schinkelschen Restaurierung (nach 1826) bedeutende Kopfkonsolen und einige Gemäldereste gefunden.

Aufgabe der Zukunft sollte die Rekonstruktion der Marienkirche zu gottesdienstlichen und kulturellen Zwecken sein — eine gesamtdeutsche Aufgabe!

Ähnlich fragwürdig ist das Nachkriegsschicksal der unzerstört über die Katastrophe von 1945

St. Marien, kürzlich freigelegte Kopfkonsolen.

Nordportal von St. Marien. Der oberhalb angebrachte Reichsadler ist nicht zu sehen.

teldeutschland — vollkommen aus der Altstadt zurückgezogen. So ist auch die Franziskanerkirche seit 1966 kein Gotteshaus mehr. Vor dem Krieg, fälschlich Nikolaikirche genannt, diente sie sowohl als Garnisonkirche wie auch einer Zivilgemeinde, die vorwiegend die Dammvorstadt umfaßte. Seit 1966 heißt sie „Konzerthalle Carl Philipp Emmanuel Bach". Auch viele westdeutsche Bildbände zeigen den Bau und scheinen die vom SED-Staat erzwungene Umfunktionierung auch noch zu begrüßen! Der Rechteckchor stammt vom Gründungsbau des späten 13. Jahrhunderts, während die eigentliche Kirchenhalle erst 1516—1526 erbaut wurde.

Im vorzüglich restaurierten Sternnetzgewölbe kann man übrigens jetzt als Schlußstein Hammer und Sichel entdecken. Über dem Triumphbogen steht zu lesen: „Erneuert im Lenin-Jahr 1970". Aber man schaut in einer Konzerthalle nicht zum (längst ausgebauten) Altar, sondern zur Orgel.

gekommenen Nikolaikirche. Diese älteste Frankfurter Kirche ist besser unter dem Namen Friedenskirche bekannt, den sie seit der vollständigen Erneuerung 1881—1893 führt. Der doppeltürmige Bau prägt mit dem hohen Schiff der Franziskanerkirche die Stadtsilhouette vom Ostufer der Oder, die bekannteste Stadtansicht unserer Zeit. Wahrscheinlich gehören älteste Teile des Gemäuers noch der Zeit vor 1253 an. Halle und Chor stammen aus dem 14. und 15. Jahrhundert. Nach der Reformation wurde das Bauwerk zeitweilig säkularisiert, dann Gotteshaus der Reformierten und Hugenotten. Die seit Jahrzehnten stiefmütterlich behandelte Kirche verfällt. Die evangelische Kirche hat sich — ein einmaliger Fall in Mit-

Inneres von St. Marien vor 1945 mit dem siebenarmigen Leuchter.

18

Inneres der Franziskanerkirche vor 1945.

Links die doppeltürmige Friedenskirche (St. Nikolai), rechts die Franziskanerkirche (vor 1945).

St. Nikolai als reformierte Kirche. Zustand nach 1736. Der westlich angebaute Querbau diente den Französischen Reformierten.

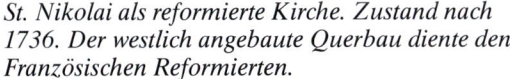

Stadtansicht von Norden, 1829.

Franziskanerkirche mit Pfarrhäusern in der Kollegienstraße (vor 1945), heute Stadtarchiv.

St.-Spiritus-Hospital, links der Giebel der Hauptpost (vor 1914).

Das Heilig-Geist-Hospital in der südlichen Gubener und das Georgen-Hospital in der nördlichen Lebuser Vorstadt gehen zwar auf das Mittelalter zurück, sind aber in Bauten des 18. Jahrhunderts auf uns überkommen.

In prächtiger märkischer Backsteingotik prangt dafür das Rathaus. Es war 1945 stark beschädigt worden und ist musterhaft wieder erstanden. Das inmitten des Marktes stehende Rathaus wirkt äußerlich einheitlich, hat aber eine komplizierte Geschichte. Der im wesentlichen auf das 14. und 15. Jahrhundert weisende Hauptbau hat im 17. Jahrhundert den Turm auf dem Nordgiebel erhalten. Nord- und Südgiebel mit ihren Wimpergreihen bilden die Zierde des Baus und machen ihn zu einem der schönsten backsteingotischen Rathäuser (Berlin hat ein vergleichbares Rathaus bis 1861 nicht besessen). Den Hauptschmuck des Südgiebels bilden drei große gotische Rosen von nahezu 4 m Durchmesser. Der obere Teil enthält neun kleinere Rosen, auch sie aus terrakottaartig gebrannten Formsteinen geschaffen. Der jedem Frankfurter vertraute Fisch am Südgiebel hat nichts mit der Hansemitgliedschaft zu tun, sondern weist auf die Bedeutung der Fische für Kaufleute und Konsumenten im alten Frankfurt hin.

Rathausgiebel. Zeichnung von Max Heilmann.

Markt und Rathaus, 1691.

Marktplatz 1916. Der Häuserblock rechts hieß: Die sieben Brüder.

Frankfurt a. Oder
Rathaushalle

*Rathaushalle
(vor 1945).*

Nordfront
des Rathauses
um 1930.

23

Bischofshof (bis zur Zerstörung 1945 Hauptfeuerwache).

Die mittelalterliche Blüte der Stadt

Von Anfang an war für die junge Stadt der Fernhandel wichtig; ihm verdankte sie ihre Entstehung und erste Blüte. Dabei war der Ost-West-Handel stets wichtiger als der dem Strom folgende Nord-Süd-Handel.

Wie die Ausgrabungen nach dem Zweiten Weltkrieg belegen, spielten im mittelalterlichen Frankfurt neben den für einen zentralen Ort üblichen Zünften die Töpfer eine besondere Rolle. Auch künstlerisch hochstehende Keramik und Kacheln wurden hergestellt. — Zu einer wichtigen Handelsstadt gehören Juden. Sie sind in Frankfurt ab 1294 nachzuweisen. Zwar wurden sie in einem Pogrom 1491/92 vernichtet, kehrten aber bald wieder und sind bis 1933 aus dem Leben der Stadt nicht fortzudenken. An der Stelle der Synagoge und des Ghettos entstand das Universitätsgelände. 1561 hören wir von einer neuen Synagoge. 1697/99 wurde in Frankfurt zum erstenmal in Deutschland der Talmud gedruckt.

Der Frankfurter Judenfriedhof wurde 1399 zum erstenmal erwähnt und bis zuletzt benutzt. Er lag östlich der Dammvorstadt an der Abzweigung der Reppen–Posener von der Crossen–Breslauer Straße.

Die Stadt war so vermögend, daß sie im 14. Jahrhundert zahlreiche Dörfer aufkaufte und ein ansehnliches Territorium bildete. Auf dem rechten Oderufer waren bis zum Ende des alten Preußen 1806 Trettin, Schwetig, Kunitz, Kunersdorf und Reipzig städtische Kämmereidörfer. Dazu traten links der Oder Booßen, Kliestow und Tzschetzschnow (1937 zu Güldendorf eingedeutscht). Die ausgedehnten städtischen Waldungen wurden schon erwähnt.

Frankfurt gewann aufgrund der von den Markgrafen verliehenen Privilegien eine Vorrangstellung vor allen anderen brandenburgischen Städten. Die

Der südöstliche Teil des Marktplatzes mit dem Eccius- und dem Bolfrashaus (Zeichnung von 1926).

Bolfrashaus, Ecke Bischofstraße/Große Oderstraße.

Judenfriedhof, Grabstein des 18. Jahrhunderts.
Hier befindet sich heute ein polnisches Ausflugslokal.

Südostecke
des Marktplatzes
um 1900.

Stadt dankte es den Markgrafen durch besondere Treue und Anhänglichkeit. In der Mitte des 14. Jahrhunderts zahlte Frankfurt doppelt so hohe Steuern wie Berlin.

Pfingstmontag des Jahres 1504 wurde ein räuberischer Adliger ohne Prozeß hingerichtet. Die Stadt verlor darauf für mehr als fünf Jahrzehnte die hohe Gerichtsbarkeit (bis 1555).

1945 zerstörte Giebel in der Großen Scharrn- und Großen Oderstraße.

Schwierigkeiten entstanden der Stadt durch den Bischof von Lebus. Der reiche Prälat versuchte, die Stadt von sich abhängig zu machen und in Frankfurt seinen Wohnsitz zu nehmen. Die Marienkirche sollte seine Kathedrale werden. Zweimal (1341 und 1350–1354) verhängte der Bischof über die Stadt das Interdikt. Jahrelang waren dadurch Seelsorge und Amtshandlungen auf ein Minimum beschränkt. Dem Bischof blieb der Bischofshof, das älteste Privathaus der Stadt. Im Inferno von 1945 ging auch dieser ehrwürdige Bau, der zuletzt profanen Zwecken diente, zu Grunde.

Kaiser Karl IV. förderte als Landesherr (nach 1373) die Stadt und vielleicht hatte sie zu seiner Zeit die höchste wirtschaftliche Bedeutung. Im Landbuch der Mark Brandenburg (1375) erscheint Frankfurt als die reichste Stadt der Mark; jedenfalls zahlte Frankfurt die höchsten Steuern und war um 1400 mit 7000 Einwohnern die größte märkische Stadt.

Die Wirtschaftsblüte blieb bis gegen das Ende des 15. Jahrhunderts erhalten. Das Festhalten am Stapelzwang und am Zwang, die Straßen über Frankfurt zu benutzen, führte später zu endlosen Streitigkeiten mit den Nachbarstädten. Die Hohenzollern, seit 1415 Markgrafen und Kurfürsten von Brandenburg, schalteten sich allmählich stärker in die städtischen Belange ein. 1496 verlor Frankfurt die Freiheit der Ratswahl. Neben außenpolitischen Schwierigkeiten wurde die Lage Frankfurts durch ein Justizverbrechen erschwert. Am

„Brandenburger Weine, geringste Sorte deutscher Weine,

bei Brandenburg, Potsdam, Frankfurt a. d. O., Saarmund u. a. gewonnen; meist nur zu Speiseweinen benutzt" (H. A. Pierer, Universallexikon, 5. Band, Altenburg 1841).

Wer weiß schon, daß im schlesischen Grünberg Wein gebaut wird (und im märkischen Tschicherzig/Kreis Züllichau und bei Bomst/Provinz Posen)? Alte Abbildungen zeigen auch die Abhänge des Lebuser Landes westlich der Stadt von Weinbergen bedeckt. 1308 schon werden erstmals Winzer in Frankfurt erwähnt. 1572 ist von 83 Weinbergen die Rede, und den gleichen Umfang verzeichnen wir noch 200 Jahre später. Der Ertrag der Weinberge 1797/98 betrug in Frankfurt, auf unsere Hohlmaße umgerechnet, immerhin ungefähr 540 Hektoliter. An Rotweinen wurden noch 1886 Gemeinroter und Kleberoter, an Weißweinen Schönedel und der jetzt wieder aufkommende Elbling angebaut. Die in Frankfurt in der ersten Hälfte des 19. Jahrhunderts lebenden Schriftsteller erzählen viel von den Weinbergen.

Wie die Gemarkungsnamen zeigen, war der Weinbau im späten Mittelalter bis nach Ostpreußen verbreitet. Die Ansprüche waren geringer, aber auch die Temperaturen waren zeitweise milder. In Güldendorf-Tzschetzschnow wird an

*Blick von der Tzschetzschnawer Schweiz nach Norden auf die Stadt
(Aufnahme 1917; die Hänge waren früher mit Weingärten bedeckt).*

Hauswänden und in Gärten heute noch Wein angebaut und auch gekeltert. Sonst ist der Weinbau eine den meisten unbekannte Erinnerung, und die Hänge (etwa an der Halben Stadt), an denen man noch in den 30er Jahren die Weinbauterrassen erkennen konnte, sind längst umgestaltet worden. Vielleicht schon aus der Entstehungszeit der Frankfurter Universität stammt der Spruch:

> *„Vinum de Marchia terra*
> *transit guttu tamque serra" =*
> *„Vom märkischen Sande der Wein*
> *fährt wie die Säge zur Kehle hinein."*

Die Viadrina-Universität 1506−1811

Untergegangene Universitäten genießen meist einen schlechten Ruf, und so ist es eine lohnende Aufgabe, die Ehre der Universitas Viadrina, der Oder-Universität (lateinisch heißt die Oder Viadua oder Viadria, Viadrina ist das dazugehörende

Eigenschaftswort), zu verteidigen. Nachdem alle anderen sechs Kurfürstentümer über eine Universität verfügten, nachdem sogar die benachbarten Herzogtümer Mecklenburg (Rostock) und besonders Pommern (Greifswald) eine solche hatten, war es hoch an der Zeit, daß die Kurmark folgte. Das eigentliche Vorbild war die Leipziger Universität. Auch Frankfurt war keine Residenzstadt, dafür eine Messestadt und seit 1502 wie Leipzig ein früher Mittelpunkt des Buchdrucks. Den Wettlauf um den Vorrang bei der Gründung gewann die bald weltberühmte 2. sächsische Universität Wittenberg (1502).

Warum nun wurde Frankfurt gewählt? „Wegen seiner gesunden Lage und anmutigen Umgegend, seiner Obst- und Weingärten, seines fischreichen Stromes und seines Wohlstandes" hieß es dazu in einer zeitgenössischen Quelle. Die Kurfürsten aus dem Hause Hohenzollern erreichten zwar die Zustimmung von Papst und Kaiser, hielten sich aber sonst zurück. Die Initiative ging vom Frankfurter Rat aus, die eigentliche organisatorische Arbeit hatte der Bischof von Lebus, Dietrich von Bülow, übernommen. Die Stadt stellte Geld und Bauten zur Verfügung. Joachim I. war Frankfurt insofern als kultureller Mittelpunkt der Mark

Universitäts-
gebäude.
Radierung von
Max Heilmann.

angenehm, als es unweit der Grenze zur Niederlausitz lag und gute Verbindungen ins nahe Schlesien unterhielt. Nach Südosten ging nämlich auch
seine außenpolitische Blickrichtung. Bei der Ein-
weihung der Universität hatte die Stadt das Kolle-
gienhaus, das an der Stelle des Judenviertels im
Nordwesten der Stadt entstand, bereits in acht-
jähriger Bauzeit vollendet. Der 1691–1693 neu
errichtete Komplex diente später Schulzwecken.
Im Inferno von 1945 wurde er kaum beschädigt.
1962 wurde die ehrwürdige Ruine, die man leicht
hätte wiederaufbauen können, in der damaligen
Feindschaft gegen Geschichte, Tradition und
„feudale" Kultur restlos beseitigt. An der Stelle
stehen heute Mietskasernen.

Das Portal von 1694, das das Siegel der Viadrina
mit der Jungfrau Maria zeigt, wurde in Gipsmörtel
am Junkerhaus (Museum) rekonstruiert.

Bei der Gründung traten Joachim I. und sein Bruder Albrecht, der spätere Erzbischof von Magdeburg und Mainz sowie Kardinal, hervor. Der
1. Rektor wurde Konrad Wimpina, der für das

wissenschaftliche Gesicht und Gewicht der Neu-
gründung sorgte, sich später aber gegen Luther
stellte und ihr damit schadete. 950 Studenten
immatrikulierten sich 1506. Neben Deutschen
waren Polen, Schweden, Norweger und Dänen
vertreten. Bei einer Einwohnerschaft von knapp
5000 Menschen war das eine gewaltige Zahl.
Dank Martin Luther fiel Frankfurt nach dem The-
senanschlag von 1517 hinter Wittenberg zurück.
Die tonangebenden Frankfurter Gelehrten, vielfach Dominikaner, stellten sich gegen ihn. Der
Ablaßprediger Tetzel, Luthers Feind, wurde an
der Viadrina promoviert. Die Reformation setzte
sich an der Oder-Universität endlich 1537 durch,
und zwar in der eher milden Form, wie sie Philipp
Melanchthon vertrat. Nach Leipzig und Wittenberg wurde Frankfurt um 1600 zur drittgrößten
deutschen Universität. Nachdem die brandenburgischen Hohenzollern lutherisch geworden waren,
verbesserte sich die anfangs bescheidene finan-
zielle Ausstattung der Universität. Bis zu ihrem
Ende lebte sie hinfort von den Einkünften des
Klosters Karthaus (südlich der Gubener Vorstadt)

und der dazu gehörenden sieben Dörfer sowie vom Domstift Stendal mit seinen achteinhalb Dörfern in der Altmark.

Die Frankfurter Studenten, in die märkische, fränkische, preußische und schlesische Landsmannschaft eingeteilt, waren zum Teil schlimme Radaubrüder. Als ein Pfarrer an St. Marien gegen die Unsitte der Pluderhosen predigte, hängten Studenten eine alte ausgestopfte Pluderhose gegenüber der Kanzel auf. Professor Andreas Musculus ließ seine illustrierte Strafpredigt unter dem Titel „Vom Hosen Teuffel" 1555 in Frankfurt drucken.

1659 klagen Rektor und Senat: „ . . . mit roher Gewalt versuchen die Landsmannschaften, Rektoren, Senioren und Fiscale abzusetzen . . . den Neuimmatrikulierten Kleidung und Verhalten vorzuschreiben und ihnen die Freiheit zu rauben, sie durch Drohung und Überfall vom Besuch der Vorlesung und der . . . mensa abzuschrecken." Man wird an die „Studentenrevolution" 1968 erinnert.

Der Frankfurter Gelehrte Jodokus Willich (1501–1552).

Portal von 1694 am zerstörten Universitätsgebäude.

DE FORMANDO
STVDIO
IN QVOLIBET
ARTIVM ET SACRARVM
ET PROPHANARVM
GENERE CONSI-
LIVM.

Autore D. Iodoc. Vuillich.
Reselliano.

FRANCOFORTI
AD VIADRVM IN OFFICINA
IOANNIS EICHORN,
ANNO
M. D. L.

Jodokus Willich: Ratgeber für Studenten, gedruckt in Frankfurt 1550.

Kurz nachdem Kurfürst Johann Sigismund aus Glaubensüberzeugung vom lutherischen zum reformierten Bekenntnis übergetreten war, bestimmten ab 1616 calvinistische Professoren das Gesicht der Viadrina. Frankfurts große Zeit als gelehrtes Zentrum des deutschen Calvinismus begann am Anfang des Dreißigjährigen Krieges, als die Heidelberger Universität in ihrer Lehrfreiheit behindert wurde. Reformierte aus Polen, Litauen, Siebenbürgen, Ungarn, Böhmen und Frankreich studierten an der Oder. Fast die Hälfte der insgesamt 55 000 Studenten, die an der Viadrina studierten, nämlich 25 000, waren Osteuropäer.

Die Tradition Frankfurts als Theater- und Musikstadt ist alt. Nach der Zeit der Jahrmarktsgaukeleien und -spiele kam es an der Universität im Rahmen der Rhetorik zu einer besonderen Pflege und Verfeinerung der Schauspielkunst durch Jodocus Willich, einen Schüler Wimpinas. Die erste deutsche Studentenkomödie „studentes" wurde 1545 inszeniert. Die Kirchenmusik erfuhr ebenfalls durch die Universität eine Veredelung. Willich gründete um 1530 in Frankfurt das erste bürgerliche „Collegium musicum" Deutschlands. Frankfurt wurde zu einer Hochburg der Musik.

Im 17. Jahrhundert spielten Wandertruppen in der Stadt, zunächst in der unteren Halle des Rathauses, während der Messe in der oberen Halle. Nachdem 1674 der Antrag auf Bau eines „Ballhauses" gestellt wurde, fanden vermutlich auch dort Schauspiele statt. Der Bachsohn Carl Philipp Emmanuel (1714−1788), Jurastudent in Frankfurt (1734−1738), komponierte hier und dirigierte die Singakademie.

Mitte des 18. Jahrhunderts erschienen zu den Messen regelmäßig Schauspieltruppen. Am 10. Juli 1755 führte die Ackermann'sche Schauspielgesellschaft im alten Exerzierhaus der Frankfurter Garnison, das auf dem südlichen Teil des späteren Regierungsgebäudes stand, in Gegenwart des Dichters Lessing „Miß Sara Sampson" auf. Es war das erste deutsche bürgerliche Trauerspiel.

Zeichen des Druckers Johannes Eichorn, Frankfurt.

Der älteste Frankfurter Druck, 1502 bei M. Tretter.

𝕬rbor ſalutis anime Et vernacula lig⸱ ua Jn latinum traoucta fœ liciter Jn cipit.

IO. FRIDERICI CARTHEVSER
MEDICINAE DOCTORIS
EIVSDEMQVE IN REGIA ACAD. VIADRINA
PROF. PVBL. ORDINARII

ELEMENTA
CHYMIAE
DOGMATICO - EXPERI-
MENTALIS
IN
VSVM ACADEMICVM
CONSCRIPTA,

EDITIO SECVNDA PRIORI LONGE
EMENDATIOR.

FRANCOFVRTI AD VIADRVM,
IMPENSIS IOH. CHRISTIANI KLEYB.
MDCCLIII.

Eine in Frankfurt 1753 gedruckte Schrift
des Frankfurter Chemikers Friedrich Cartheuser.

Festschrift zur Eröffnung der Viadrina, 1507.

Andreas Musculus: Vom Hosen Teuffel.
Frankfurt 1556.

Titel einer astronomischen Abhandlung,
1507 in Frankfurt gedruckt.

Ulrich von Hutten (1488–1523),
studierte 1506–1508 in Frankfurt.

Calvinistische Eiferer waren in Frankfurt selten. Es war eine Insel der auf friedlichen Ausgleich bedachten Ireniker in den Stürmen des Dreißigjährigen Krieges. Die Viadrina war ein Hort des Gedankens an eine Union von Lutheranern und Reformierten. Die Gelehrten der Viadrina haben die Altpreußische Union vorbereitet, die König Friedrich Wilhelm III. 1817 errichtete und die sogar im geteilten Deutschland nach 1945 ununterbrochen weiterbestand.

Im 18. Jahrhundert war die Frankfurter Universitätsbibliothek die erste und lange Zeit einzige öffentliche Bibliothek im Königreich Preußen.

Gleichzeitig in Frankfurt und Halle wurden — dank dem Bürger- und Soldatenkönig Friedrich Wilhelm I. — die ersten deutschen Lehrstühle der Wirtschaftswissenschaft eingerichtet (1727). Der Inhaber dieser Professur Joachim Georg Darjes (sein Grabstein blieb im „Park" am Wilhelmsplatz

erhalten) gründete 1766 die gemeinnützige Frankfurter Gelehrte Gesellschaft, die bald Seminarübungen anbot. An ihnen beteiligte sich auch der Student Carl Gottlieb Svarez aus Schweidnitz, später einer der Schöpfer des Preußischen Allgemeinen Landrechts von 1794. So hat dieses einer Verfassung nahekommende Recht, das den modernen Rechtsstaat festlegte, eine seiner Wurzeln in Frankfurt.

In den „Annalen der deutschen Universitäten" (Marburg 1798) lesen wir: „Die Anzahl der Studierenden auf dieser Universität ist in den spätern Zeiten selten über 300 gewesen, und jetzt sind nicht viel über 200 hier. Es herrscht unter ihnen ein gesitteter Ton, fast nie hört man von Unanständigkeiten, die unter ihnen vorgingen und laut würden . . . Durch die nähere Verbindung, worin Professoren und Studenten miteinander stehen, kann sehr viel Gutes gestiftet werden . . . Viele von den Studierenden wohnen auch in den Häusern der Professoren und essen an ihren Tischen, ohne

Thomas Müntzer (1490–1525),
1512 an der Viadrina immatrikuliert.

*Wilhelm von Humboldt (1767—1835),
1787—1788 an der Viadrina.*

*Carl Philipp Emmanuel Bach (1714—1788),
1734—1738 in Frankfurt.*

*Alexander von Humboldt (1769—1859),
1787—1789 an der Viadrina.*

daß dies viel kostbarer wäre, als wenn sie anderswo äßen und wohnten." Die Universität hatte 1798 18 Professoren, von denen einige in den Revolutionsjahren wegen radikal-aufklärerischer Lehren gemaßregelt wurden. Frankfurt war in jenen Jahren die unruhigste preußische Universität und übertraf darin Königsberg, Halle und Duisburg. 1797 kam es zum bewaffneten Einschreiten gegen Studentenkrawalle, von denen dem Verfasser der „Annalen" offenbar nichts bekannt war.

Zu den letzten Studenten der Viadrina gehörten Heinrich von Kleist und die Brüder Wilhelm und Alexander von Humboldt. Das Ende der Universität hing mit den preußischen Reformen nach der Katastrophe von 1806 zusammen. Friedrich Wilhelm III. ordnete nach der Gründung der Berliner Friedrich-Wilhelm-Universität, eröffnet 1810, an, daß die Viadrina wegen der Nähe zu Berlin (nicht etwa wegen mangelnder Reformbereitschaft) nach Breslau verlegt wurde. Schlesien war die am weitesten entwickelte, bevölkerungsreichste und finanzstärkste Provinz Preußens, Breslau (mit fast 70 000 Einwohnern) die zweitgrößte Stadt des Königreiches. Die Breslauer Universität führte hinfort bis 1911 den Namen Academia Viadrina Wratislaviensis (Wratislava ist der lateinische Name für Breslau). Die Bibliothek und das Archiv der Frankfurter Universität sowie die Pflanzen und Sammlungen des Botanischen Gartens wurden auf Oderkähnen nach Breslau gebracht. Die Mehrzahl der Professoren und viele Studenten siedelten dorthin über.

Heinrich von Kleist (1777–1811).

Das Breslauer Universitätsgebäude an der Oder.

Das Frankfurter Geistesleben ist durch die Verlegung der Universität tief getroffen worden. Die Stadt erhielt einen völlig neuen Charakter als Beamten- und Soldatenstadt (bis zum heutigen Tage).

1858 bis 1926 bestand in Frankfurt an der städtischen Augustaschule ein Seminar für Lehrerinnen. 1930 wurde eine Pädagogische Akademie gegründet, die – nach einer Unterbrechung – 1934 in die Hochschule für Lehrerbildung umgewandelt wurde und im gleichen Jahr den überzeugenden Neubau in der Nuhnen-Vorstadt bezog. Von 1941 bis zu ihrem Ende 1945 hieß die Hochschule Lehrerbildungsanstalt. Das Gebäude diente bis 1990 der Bezirksverwaltung der SED und beherbergt jetzt ein Pädagogisches Institut für Primarstufenlehrer.

Die Wiedergründung der Viadrina ist eine Gegenwartsaufgabe. Sie könnte die einzige märkische Landesuniversität werden und die drei Berliner Universitäten entlasten. Slawische Sprachen und Osteuropakunde sollten besonders gepflegt werden. Es fehlt bisher eine universitäre Lehr- und Forschungsstätte, die sich mit Ost- und Westpreußen, Pommern, Schlesien und den ehemaligen wie heutigen deutschen Siedlungsgebieten von Estland bis Siebenbürgen und von der Wolga bis Posen befaßt. Es geht dabei nicht um Revanchismus, sondern um die Erforschung der Geschichte und Landeskunde des östlichen Mitteleuropa im Sinne der Völkerverständigung.

Die „Haupt- und Handelsstadt" im 16. und 17. Jahrhundert

Am 11. November 1539 wurde in der Marienkirche der erste evangelische Gottesdienst gefeiert. Lange hatte die Universität das alte Bekenntnis verteidigt. Der Konfessionswechsel der Hohenzollern (1539) prägt die Stadt und die Mark bis heute.

Bis zum Untergang der Altstadt 1945 erinnerten viele reiche Bürgerbauten an jene Zeit, als Kurfürst Joachim II. 1564 Frankfurt „als unsere vornehmbste Stette" bezeichnete. Das Bolfraßhaus am Markt, das danebenstehende Ecciushaus mit seinem geschwungenen Giebel und das erhaltene Junkerhaus seien hier erwähnt. Das Junkerhaus beherbergt zur Zeit das eher bescheidene, aber ausbaufähige Museum „Viadrina". Geschichtsbewußte Frankfurter wünschen, daß auf den seit 1945 leeren Flächen um das Rathaus die Patrizierhäuser rekonstruiert werden. Aufmarschplätze, die die Harmonie von Marienkirche und Rathaus stören, werden nicht mehr gebraucht.

Wenige märkische Städte erfuhren während des Dreißigjährigen Krieges so schlimme Heimsuchungen wie Frankfurt. 1644 waren von ehemals 1029 Häusern noch 272 bewohnbar. Die Bevölkerungszahl betrug statt 13 000 Menschen nur noch ungefähr 2000.

Es gehört zu den Merkwürdigkeiten, daß Frankfurt in dem Augenblick vom Großen Kurfürsten den schmückenden Beinamen „Haupt- und Handelsstadt" verliehen bekam, als dem Handel mit dem Bau des Friedrich-Wilhelm-Kanals zwischen Oder und Spree ein Schlag versetzt wurde, von dem er sich „im Grunde nie mehr erholte" (Heinrich Stümbke). Dennoch führte die Stadt bis 1945 stolz die Bezeichnung „Haupt- und Handelsstadt".

Durch den Bau des Kanals wurden die Handelsströme von der Elbe und Berlin nach Schlesien an Frankfurt vorbeigelenkt. Das so lange mühevoll verteidigte Stapelrecht war bedeutungslos geworden.

Unter dem Großen Kurfürsten wurde die Selbstverwaltung der Stadt der Oberaufsicht eines kurfürstlichen Kriegs- und Steuerrats unterworfen.

Die Geburtsstunde der brandenburgischen Staatspost hatte mit der Verordnung des Großen Kurfürsten vom 21. April 1646 geschlagen, die die Errichtung eines Hauptpostkurses durch sämtliche brandenburgischen Lande mit sich brachte.

Zuvor hatte es zwar — auch in Frankfurt — Botenpostanstalten gegeben, die allerdings nach ihrer Bestimmung nur die Korrespondenz des Hofes mit den Behörden zu besorgen hatte. Auf Anordnung der kurfürstlichen Regierung in Küstrin hatte der Frankfurter Zöllner mit 2 bis 3 Postboten die Post auf der Strecke von Fürstenwalde—Frankfurt—Crossen in beiden Richtungen „unseumblich" zu befördern. Hierbei war im Interesse der Beschleunigung den Stadtoberen zugleich anbefohlen, die Tore ausnahmsweise auch nach üblichem Torschluß jedesmal zu öffnen.

Noch älter war die Institution des „vereidigten Stadtboten" (seit etwa 1500); der auch privat den Brief- und Personenverkehr insbesondere nach Berlin besorgte. Davor hatten Ratsherren, Stadtschreiber, Handelsherren, Mönche, Pilger, fremde Boten und Reisende die unregelmäßige Gelegenheit zur Postbeförderung wahrgenommen.

Der aufgrund der Verordnung des Großen Kurfürsten eingerichtete Postkurs von Memel nach Cleve entstand naturgemäß in Etappen. Eine der ersten Teilstrecken von Marienwerder nach Berlin führte über Cüstrin, also nicht über Frankfurt/Oder. Die Einrichtung der Stadtboten wurde deshalb anfangs beibehalten. Er versah die Verbindungen jeweils von Frankfurt/Oder nach Küstrin,

Hoppegarten, Beeskow und Reppen (Richtung Posen).

Als aber nun 1659 (vielleicht auch früher) die Staatspost auch in Frankfurt einzog (das Jahr 1661 ist als Beginn nicht gesichert), mußte der Stadtbote trotz Widerstandes der Stadt seine Funktion aufgeben.

Die Stadt war jetzt Zwischenstation der staatlichen Post auf dem älteren Postweg Berlin–Breslau–Wien geworden.

Ein Stundenzettel aus dem Jahre 1662 weist aus, daß die Post mittags um 12 Uhr in Berlin abging, 1 Uhr nachts in Frankfurt ankam, 2 Uhr weiterging, 10 Uhr vormittags Crossen erreichte und am nächsten Tag nachmittags in Breslau war.

Es gab wöchentlich zwei Fahrten in beide Richtungen.

Die Strecke Frankfurt–Küstrin stellte um 1670 die wichtige Querverbindung für die beiden großen Ostkurse Berlin–Königsberg und Berlin–Breslau her.

*Zeichen der Tabakverarbeiter
(meistens Hugenotten).*

Die Hugenotten in Frankfurt

Es bleibt eine Großtat brandenburgisch-preußischer Geschichte, daß der Große Kurfürst (1640–1688) dem mächtigsten Herrscher Europas, Ludwig XIV., trotzte und wenige Tage nach der Aufhebung des Duldungsedikts von Nantes die Hugenotten nach Brandenburg-Preußen einlud (Edikt von Potsdam 1685). Niemand konnte ahnen, daß dieses vorwiegend in christlicher Nächstenliebe begründete Wagnis dem Land solchen Segen bringen würde. Schon 1686 kamen 200 Hugenotten in dem für eine Ansiedlung empfohlenen Frankfurt an. Ihre Zahl betrug nie mehr als 500. Sie stellten Kattune, Talglichter und Handschuhe her, waren später als Tuch- und Perückenmacher und besonders als Tabakverarbeiter tätig.

Auf den Hängen der Halben Stadt und des Klingetals gingen sie dem Tabakbau nach. Ihr Gotteshaus war ein Anbau an der Nikolaikirche (heute Friedenskirche), die ohnehin dem reformierten Gottesdienst diente. 1812 wurde zwar das „Königlich Preußisch Französische Kolonie-Gericht" aufgehoben, aber der französische Gottesdienst hörte erst 1832 auf. Bis 1842 gab es noch eine französische Schule. Die Hugenotten haben die Wirtschaft belebt und das Kulturleben der Stadt angeregt.

Die Entstehung der Dammvorstadt

Die gewaltsame Teilung der Stadt 1945 hat unser Interesse an der Dammvorstadt belebt. Bald nach 1300 waren der die Niederung auf dem flachen Ostufer schützende Damm und die hölzerne Brücke entstanden. Die Hütten, Gärten und Vorwerke nannte man „über der Oder". Von 1551 an gehörten sie zur Gemeinde der Franziskanerkirche, und das blieb so bis 1945. Eine eigene Kirche ist bis 1945 nur geplant worden.

Das älteste erhaltene Haus auf dem Damm war der 1601 erwähnte Gasthof „Goldener Löwe", Crossener Straße 3 (heute verschwunden). Auch in der Sonnenburger Straße gab es Häuser aus dem 17. Jahrhundert. Am Ende des 15. Jahrhunderts wird das hernach so genannte Rote Vorwerk (in der Nähe des Stadions) erstmals erwähnt. Sein Name geht auf einen Dr. Rohde zurück, der es im 19. Jahrhundert besaß. Im 17. Jahrhundert taucht das spätere Weiße Vorwerk nördlich der Dammvorstadt erstmals auf, das seinen Namen nach Adrian Weitsch führt, der es um 1800 innehatte.

Zur Befestigung der Brücke wurde im 17. Jahrhundert eine Schanze erbaut. Sie wurde unter Friedrich dem Großen geschleift und an ihrer Stelle 1766 die Seidenfabrik erbaut. Dieses Datum bedeutet den Anfang der eigentlichen Entwicklung des „Damms", wie die Vorstadt im Volksmund heißt. Die Bewohner heißen „Dämmler".

Blick auf die Dammvorstadt (um 1914).

Roßmarkt in der Dammvorstadt (vor 1914).

Die Seidenfabrik, erbaut 1766–1769. Später Wohnhaus, Zustand 1910, zerstört.

Die Blüte der Stadt im 18. Jahrhundert

Wie überall in Preußen wurde auch die Frankfurter Stadtverwaltung unter dem „Bürger- und Soldatenkönig" Friedrich Wilhelm I. in die staatliche Verwaltung eingegliedert und hinfort genau kontrolliert. Der König benutzte für diese Aktion in Frankfurt den Kammerrat Hille, der später in Küstrin der Lehrer des Kronprinzen Friedrich für die innere Verwaltung wurde.

Bis zum heutigen Tag erinnern solide Barockbauten an Frankfurts damalige Blüte. Genannt seien die 1777 von Prinz Leopold von Braunschweig erbaute Garnisonschule (heute Kleist-Gedenk- und Forschungsstätte), das Haus Fischerstraße 6 und das Türmchenhaus in der Lindenstraße, das auf den begabten Frankfurter Baumeister Friedrich Knoblauch zurückgeht.

Nach der Beendigung des notvollen Siebenjährigen Krieges stellte Friedrich der Große der Stadt 80 000 Taler zur Verfügung. Durch die Errichtung der Seidenfabrik „auf dem Damm" (Baumeister Knoblauch) sollte die Wirtschaft der Stadt belebt werden. 1785 wohnten 704 Juden in der Stadt.

Im gleichen Jahr wurden die 845 Einwohner der Dammvorstadt durch eine Hochwasserkatastrophe heimgesucht. Bei einem Rettungsversuch ertrank Regimentskommandeur Prinz Leopold von Braunschweig am 28. April 1785. Friedrich der Große hat diesen hochgeschätzten Neffen beklagt. Goethe, Herder, Gleim, die Karschin besangen ihn. Die trauernden Frankfurter errichteten ihm ein würdiges und beeindruckendes Denkmal (1945 von Polen vernichtet). — In Preußen, dem ersten europäischen Land der Religionsfreiheit, war es selbstverständlich, daß sich die Frankfurter Katholiken eine Kirche bauen konnten. 1786 entstand ihr erstes Gotteshaus. 1897 wurde dann in städtebaulich beherrschender Lage die katholische Kirche zum Heiligen Kreuz und zur Rosenkranzkönigin erbaut. Sie ist heute das größte und best erhaltene Gotteshaus, das in Frankfurt seiner Aufgabe dient.

Am 18. Oktober 1777 wurde der bekannteste Frankfurter Heinrich von Kleist als Sohn eines preußischen Majors geboren. Sein Geburtshaus stand bis 1945 gegenüber dem Chor der Marienkirche. Preußen und damit auch seine durch und durch preußische Vaterstadt haben sich mit dem Dichter, dem Gefühl als absolute Instanz erschien, stets schwer getan. Man erkannte nicht, daß er Preuße und Royalist war. Kleist verbrachte seine Kindheit in Frankfurt und kehrte nach seiner Militärzeit 1799/1800 dorthin zum Studium zurück. In Frankfurt lebten seine Verlobte Wilhelmine von Zenge und seine vertraute Schwester Ulrike. Ihr schrieb er am Morgen seines freiwilligen Todes 1811: „Wirklich, Du hast an mir getan, ich sage nicht, was in Kräften einer Schwester, sondern in Kräften eines Menschen stand, um mich zu retten: die Wahrheit ist, daß mir auf Erden nicht zu helfen war!" Kraft und Sicherheit seiner von „Verstand und Anmut glänzenden" Sprache (Hofmannsthal) berühren stets neu.

In seinen Werken finden sich viele Bezüge auf die Mark.

Seit 1910 kann sich Frankfurt eines guten Kleist-Denkmals (von Gottlieb Elster) rühmen. Auf einem am Sockel angebrachten Relief kann man die Parole aus dem „Prinzen von Homburg" lesen: „In Staub mit allen Feinden Brandenburgs". — Das Grab seiner Schwester ist vor wenigen Jahren einem brutalen Straßenbau zum Opfer gefallen.

„Herzog Leopold von Braunschweig geht seinem Tode in der Oder entgegen", 27. 4. 1785. Stich von Daniel N. Chodowiecki.

Das Türmchenhaus, Lindenstraße 16.

Medaillen
zum Tod des Prinzen Leopold.

Das Leopold-Denkmal am Prinzenufer
(1787–1945).

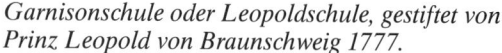

Garnisonschule oder Leopoldschule, gestiftet von
Prinz Leopold von Braunschweig 1777.

*Die katholische Kirche von 1897
(Aufnahme nach 1945).*

Denkmal für Heinrich von Kleist (1910).

*Lienauhaus (1788),
Große Oderstraße 15
(1905 bis zur
Zerstörung 1945
Museum).*

Beamten- und Soldatenstadt im 19. Jahrhundert

An der preußischen Erhebung und den Befreiungskriegen nahm Frankfurt lebhaften Anteil. Auf dem Weg nach Breslau, wo er den „Aufruf an mein Volk" erließ, machte König Friedrich Wilhelm III. im März 1813 im „Goldenen Löwen" in der Dammvorstadt Station. Theodor Fontane beschrieb in seinem ersten Roman „Vor dem Sturm" die Stimmung jener Jahre im Lebuser Land und in Frankfurt.

Als Ersatz für die nach Breslau verlegte Universität erhielt Frankfurt 1814 ein Oberlandesgericht (verlegt von Soldin/Neumark) und wurde Sitz eines Regierungsbezirks (verlegt von Königsberg/Neumark). Der von 1815 bis 1945 bestehende Regierungsbezirk Frankfurt umfaßte die Neumark mit dem Sternberger Land, Crossen und Schwiebus; von der Mittelmark kamen das Land Lebus und Frankfurt dazu sowie von Sachsen das 1814 erworbene Markgraftum Niederlausitz.

Frankfurts Gesicht wurde von nun an durch Soldaten und Beamte geprägt. Das ist dem geistigen Leben der Stadt nicht zum Schaden geraten. 1818—1825 war der junge Historiker Leopold Ranke Oberlehrer in Frankfurt. Helmuth von Moltke stand als Leutnant 1822—1829 in Frankfurt bei den Leibgrenadieren. Eduard Simson, Präsident der Nationalversammlung in der Paulskirche und des Reichstages von 1871, später (ab 1879) 1. Präsident des Reichsgerichts, lebte von 1860 bis 1879 in Frankfurt. Er war zunächst Vizepräsident, dann Präsident des Oberlandesgerichts. Der aus einer jüdischen Familie in Königsberg/Preußen gebürtige Simson hat von Frankfurt aus wesentliche Impulse zur Reichsgründung von 1871 gesetzt.

Er verkörperte die Tatsache, daß das Deutsche Reich nicht nur von Soldaten, Diplomaten und Fürsten geschaffen wurde, sondern von den demokratisch gewählten Parlamentariern einhellig erstrebt und bejaht wurde. Er stand an der Spitze der Parlamentarierdeputation, die Wilhelm I. am 18. Dezember 1870 bat, die Kaiserkrone anzunehmen.

Helmuth von Moltke

Generalfeldmarschall.
Wohnte in Frankfurt a/O. 1822–23.

„Ich teile die Hoffnung und den Wunsch nach dauerndem Frieden, aber die ausgesprochene Zuversicht teile ich nicht."

„Erst nach überstandenem Sturm kann die Ruhe beglücken, und erst dann ist sie erlaubt!" (Kurz nach 1823 geschrieben).

Eduard (v.) Simson (1810—1899),
1860—1879 in Frankfurt.

Denkmal Kaiser Wilhelm I. auf dem Wilhelmsplatz
(1900—1944); im Hintergrund das Stadttheater.

Viel Leben brachten die dreimal jährlich stattfindenden Messen in die Stadt. Im Zeichen des Zollvereins verdreifachten sich Umsatz und Besucherzahl zwischen 1820 und 1850. Bis zu 30 000 Gäste kamen. Der Handel der Stadt selbst wurde übrigens kaum dadurch belebt. Den Frankfurtern blieben die Dienstleistungen. Da die Umstellung von der Warenmesse auf die Mustermesse (wie sie in Leipzig gelang) versäumt wurde, verfielen die Messen in der 2. Hälfte des Jahrhunderts schnell und sanken zu reinen Jahrmärkten ab.

Nach den Befreiungskriegen verschwand allmählich die alte Stadtbefestigung. 1824 wurde der spätere Wilhelmsplatz angelegt. 1833—1845 wurden die früheren Wälle und Gräben an der Westseite der Altstadt in die „Anlagen" umgewandelt. Stadtrat Lienau holte den bekannten Gartenbaudirektor Peter Joseph Lenné aus Potsdam herbei. Wir verdanken ihm den Plan für die immer noch anmutige Parkanlage.

1840—1842 entstand nahebei „in enger Anlehnung an Schinkelsche Entwürfe" das Frankfurter Stadttheater (Architekt Emil Karl Flaminius). Im Frankfurter Kulturleben war das Theater fortan das Zentrum.

Das Eisenbahnzeitalter begann für die Oderstadt 1842 mit der Eröffnung der Strecke nach Berlin.

1848 gab es auch in Frankfurt die in anderen preußischen Städten üblichen Aktivitäten. Es gab Demonstrationen, die in Plünderungen von Fleischereien ausarteten; die Bürgerwehr griff ein — es kam zu Verhaftungen. Man begeisterte sich für die fernen Schleswig-Holsteiner, weniger für die polnischen Nachbarn. Einerseits gab es den „Verein für König und Vaterland", andererseits den „Demokratischen Verein". War dieser ursprünglich für das „constitutionelle Königtum auf breitester democratischer Grundlage", so radikalisierte er sich im Spätjahr 1848, als die Regierung in Berlin gegen die preußische Nationalversammlung vorging. Man dachte an die Bildung bewaffneter Scharen. Die feste Haltung des Magistrats und die Drohung mit dem Einsatz des Militärs brachten den Protest schnell zum Erliegen. Der demokratische Verein wurde schon Ende 1848 von Soldaten zum Schweigen gebracht.

In Frankfurt funktionierte — wie sonst auch in Preußen — nichts so recht, wo nicht die Könige dahinterstanden. König Friedrich Wilhelm IV.

*Das
Frankfurter
Stadttheater
(1840–1945).*

*In den
Anlagen
(um 1900).*

kam 1853 nach Frankfurt zur 600-Jahr-Feier der Stadtgründung. Als Geschenk stiftete er ein Fenster für die Marienkirche.

Bei der Königskrönung in Königsberg am 18. Oktober 1861 begrüßte der am Frankfurter Gericht amtierende Eduard Simson Wilhelm I. als Präsident des Preußischen Abgeordnetenhauses im Namen der Volksvertretung. Auf der Rückreise von Königsberg übernachtete Wilhelm I. in Frankfurt.

Die Jahre nach 1850 brachten auch Frankfurt den Aufschwung der Industrie. Am Bollwerk unterhalb der Franziskanerkirche entstand ein Fabrikviertel. Als Energiebasis gelangte die Kliestower Braunkohle auf einer besonderen Bahn hierher, und Oderschiffe transportierten die oberschlesische Steinkohle dorthin.

Aus der Zeit des Kaiserreiches beherrschen zwei gute Verwaltungsgebäude noch heute das Stadtbild: die Kaiserliche Oberpostdirektion (1898–1902) und die Königliche Regierung (1899–1904) „in aufwendigem Barock mit Jugendstilelementen", auch mit Kronen und den Initialen Wilhelms II. errichtet. Als Heinrich (v.) Stephan 1855/56 als Postkassenkontrolleur in Frankfurt tätig war, wurde ihm schon klar, daß der Neubau eines größeren Postamts wünschenswert wäre.

Am 24. August 1902 konnte der Neubau am Wilhelmsplatz nebst Nebengebäuden (Paketkammern und Wagenhallen) seiner Bestimmung übergeben werden. Es ist ein imposantes Gebäude in märkischer Backsteingotik, das den Krieg zwar unzerstört überstand, aber in der Nachkriegszeit im Inneren verändert wurde.

In jenen Jahrzehnten entstanden die Katholische Kirche und die Gertraudenkirche. Die Friedenskirche (St. Nikolai) wurde grundlegend neugestaltet. Als kirchliches Krankenhaus baute man 1883 das Lutherstift. Nach der Jahrhundertwende erhob sich der stolze Bau des Realgymnasiums auf dem Kaiserberg.

Auf den Höhen westlich der Stadt entstanden bürgerliche Wohnviertel, die Arbeiter siedelten sich im Süden (Beresinchen) an. 1892 baute man den Kleistturm auf den Laudonsbergen zur Erinnerung an den Dichter Ewald Christian von Kleist, der an seinen in der Schlacht bei Kunersdorf (12. August 1759) erlittenen Wunden in Frankfurt verstarb. Sein Grabmal ist erhalten. Eine Zierde der Stadt war das im Jahre 1900 enthüllte Denkmal Kaiser Wilhelms I. auf dem Wilhelmsplatz.

Mit dem Kriegsausbruch 1914 ging auch für Frankfurt eine Zeit nie mehr erreichter Sicherheit, des Friedens und des Wohlstandes zu Ende.

Regierungsgebäude (um 1930).

45

Frankfurt a. O., den 2. August 1898.
Die Polizei-Verwaltung.

Bekanntmachung.

Die Jagdnutzung der Gemeinde Grimnitz soll auf 3 und auch 6 Jahre öffentlich meistbietend verpachtet werden.

Zur Abgabe der Gebote hierauf steht Termin auf **Mittwoch, den 10. August 1898, Vormittags 11 Uhr,** im Schulzenamte hierselbst an, zu welchem Pachtlustige hierdurch mit dem Bemerken eingeladen werden, daß die Bedingungen im Termine bekannt gemacht werden. [4158]

Grimnitz, den 26. Juli 1898.

Der Gemeindevorsteher.
Lorenz.

Bekanntmachung.

Die von dem Zimmermeister **Paul Ritter** für die Grundstücke Gubener Vorstadt Band 29 Nr. 1290 und Band 30 Blatt 1311 u. 1312 bestellte Straßenregulirungs-Kaution im Betrage von 750 und 940 Mark, welche bei dem hiesigen Magistrat hinterlegt ist und jetzt der **Ritter**'schen Konkursmasse zusteht, will ich freihändig verkaufen.

Angebote hierauf bitte mir bis 18. ds Mts. zukommen zu lassen. [4309]

Frankfurt a. O., den 4. August 1898.

A. H. Tzschachmann,
Konkurs-Verwalter.

Oeffentliche Versteigerung.

Freitag, den 5. d. Mts., Nachm. 3½ Uhr, werde ich Cüstrinerstr. 33d.

1 Offizier-Reitpferd (Fuchswallach) öffentlich meistbietend gegen gleich baare Bezahlung freiwillig versteigern. [4307]

Isberner, Gerichtsvollzieher.

Oeffentliche Versteigerung.

Freitag, den 5. August cr., Vorm. 9½ Uhr, werde ich im Pfandlokale, Bischoffstraße 25. hierselbst:

1 mah. Sopha nebst 2 Sesseln, 1 Damenschreibtisch, 1 Trümeaux, 1 Waschtoilette m. Marmorplatte, 1 vollständ. Bett, Bettstelle, Federmatratze, Roßhaarmatratze, Keilkissen, Deckbett, Kopfkissen, 1 Tisch öffentlich meistbietend versteigern.

Flegel, Gerichtsvollzieher.

Synagogen-Gemeinde.

Freitag Abend Gottesdienst
7¾ Uhr.

Sonnabend Vorm. 9 Uhr.

Nachmittag 3 Uhr statt.

Vereins-Nachrichten.

Frankfurter Turnerschaft.

Zur Einweihung

unseres neuen Vereinslokals „Carthausbad" am Sonnabend, den 6. ds. Mts., nach der Turnstunde:

Commers

daselbst. — Gleichzeitig Berichterstattung vom deutschen Turnfest in Hamburg.

Der Vorstand.

Landwehr - Verein.

Sonnabend, den 6. Juli, 8½ Uhr Sitzung.

Der Vorstand.

Rauchklub Thalia.

Unser Stiftungsfest findet bestimmt diesen **Sonnabend** bei **Brehmer** statt.

J. A.: **Richter,** Fischerstr. 83.

Rothenburger Versicherungs-Anstalt zu Görlitz

(früher Rothenburger Vereins-Sterbekasse zu Görlitz.)

Die Anstalts-Mitglieder im 24. Bezirke, welcher die Kreise Frankfurt, **Lebus, Beeskow, Storkow, Guben, Crossen, Züllichau, Schwiebus, Ost-** und **West-Sternberg** umfaßt, werden hierdurch zu der am

12. August, Abends 8 Uhr,

im unteren Saale der hiesigen Aktien-Brauerei stattfindenden

Bezirks - Versammlung

eingeladen.

Als Ausweis für die Theilnehmer an der Versammlung dienen die Versicherungs-Urkunden (Sterbekassenbücher), eventuell auch diejenigen der vertretenen Frauen und Unmündigen, nebst letztbezahlter Beitragsquittung.

Tages-Ordnung:

1. Mittheilung des 3jährigen Verwaltungsberichtes.
2. Wahl des Bezirksvorsitzenden und seines Stellvertreters für die nächste 3jährige Periode.
3. Wahl des Bezirksvertreters und eines Ersatzmannes für die am 10. September d. J. anstehende Generalversammlung.
4. Wahl eines oder mehrerer Organe für Veröffentlichung der Bekanntmachungen des Bezirksvorsitzenden.
5. Beschlußfassung über etwaige Anträge an die Generalversammlung oder den Verwaltungsrath.

Frankfurt a. O., den 4. August 1898.

F. Haake,

W. 131 in der Expedition dieser Zeitung

Vergnügungen.

Gesellschaftshaus.

Sonnabend, den 6. August 1898,

gr. Militär-Concert
A. Becker.

Bockbrauerei.

Heute Freitag

Frei-Concert

Anfang 7 Uhr.

Es ladet höflichst ein

A. Murawski, Oekonom.

Verkaufs-Anzeigen.

F. M. Rolands Ww.,

76. Richtstr., empfiehlt

reife Johannisbad-Käschen, Stck. 6 Pfg.

reifen Limburger Käse, Stck. 46 Pfg.

reifen Romadour-Käse, Stück 50 Pfg

Brot von neuem Roggen empfiehlt **Oskar Graul,** Regierungsstr

Anzeigen in der Frankfurter Oder-Zeitung, 1898.

Fabriken in der Lebuser Vorstadt (um 1930).

*Kaiserliches Postamt
(erbaut 1902).*

Marktleben um 1900.

Handel und Verkehr

Die durch markgräflichen Gründungsakt 1253 ins Leben gerufene Stadt Frankfurt wurde durch Verleihung von Privilegien in einer Weise alimentiert, die ihr eine hinreichende wirtschaftliche Existenzgrundlage für die Zukunft sichern sollte. Die Stadt dem freien Spiel der wirtschaftlichen Kräfte zu überlassen, erschien im Hinblick auf zu erwartenden Gewinn noch zu gewagt.

Verkehr und Handel der jungen Gründungsstadt wurden einer Zwangswirtschaft unterworfen. Die der Stadt verliehene Gerechtigkeit, einen Straßenzwang auszuüben (in Kraft bis 1733), ermöglichte ihr, reisenden Kaufleuten die Benutzung von Wegen zu untersagen, die an Frankfurt vorbeiführten, sonst drohte Beschlagnahme der transportierten Ware nebst Fuhrwerk. Fremden Schiffen konnte die Durchfahrt unterhalb der Oderbrücke gesperrt und nur gegen Zahlung eines Wasserzolls bzw. Niederlagszolls gestattet werden. Daß für die Benutzung der Oderbrücke bzw. für den Fährverkehr ein Obolus zu entrichten war, mag noch am verständlichsten erscheinen.

Am weitesten griff in die Entscheidungsfreiheit reisender Kaufleute das der Stadt verliehene Niederlagsrecht ein, kraft dessen sie verlangen konnte, daß alle zu Land und Wasser Frankfurt passierenden Waren in der Stadt niedergelegt und drei Tage zum Verkauf gestellt werden mußten. Die Stadt zog durch die Niederlage Interessenten an, die Geld bzw. Austauschware mitbrachten. Die Frankfurter Kaufleute konnten die aufgrund ihres Vorkaufsrechts bei der Niederlage erworbenen Waren mit Aufgeld weiterverkaufen bzw. am

Weitertransport verdienen. Erhebliche Gelder flossen so in die Kassen der Stadt bzw. ihrer Kaufleute.

Naturgemäß bot das System den durchreisenden Kaufleuten auch Vorteile. Sie hatten Gelegenheit, die transportierte Ware an gesichertem Ort auslegen zu können, um zum Teil der Unbillen des Weitertransports enthoben zu werden. Das mag u. U. einen Mindererlös gegenüber einem Verkauf beim entfernten Endverbraucher aufgewogen haben.

Der Stadt wurde darüber hinaus ein Monopol in Verbindung mit einem Unterlassungsanspruch gegen etwaige Konkurrenten verliehen, des Inhalts, daß sie keinen anderen Stapelplatz in ihrem Einflußbereich neben sich zu dulden brauchte. Dieser Anspruch wurde u. a. durchgesetzt gegen Crossen (Oder) und Landsberg (Warthe).

Schleppdampfer auf der Oder, vor 1945.

Die niedrige Oderbrücke zwang die Schleppdampfer, den Schornstein zu kippen.

*Hofgalerie des Hauses Junkerstraße 1
(zerstört 1945).*

*Meßhof Große Scharrnstraße 71
(zerstört 1945).*

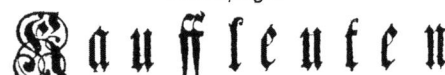

Einmal auf den Geschmack gekommen, wie man durch Ausnutzung verliehener Privilegien an das Geld Dritter kommen konnte, verstand es die Stadt, gegen schwache unterstützungsbedürftige fürstliche Macht weitere Privilegien durchzusetzen, wie z. B. neue Zollrechte und Einnahmen aus dem „Geleit".

Alsbald entwickelten Frankfurter Kaufleute insbesondere durch Ausnutzung der unteren Oder als Verkehrsweg (die obere Oder hatte im Mittelalter keine Verkehrsbedeutung) in anfangs fruchtbarer Zusammenarbeit mit Stettin einen florierenden Eigenhandel, der sich bis nach Skandinavien erstreckte. Stettin war für das gesamte Oderland das Tor zur Ostsee. Frankfurt kontrollierte den Weg nach Schlesien und den Nachbarländern.

Über Stettin wurden tonnenweise Heringe und Salz aus der Biskaya (Baysalz) eingeführt und von Frankfurt, mit dem dortigen Signum versehen, nach Schlesien und Böhmen und Mähren auf dem Landweg weitertransportiert. Exportware aus diesen Gebieten (Leinen, Garne, ungarisches

*„Giebelhaus" an der Ostseite des Marktes
(die Giebel des Kaufhauses sind Zutaten des 20. Jahrhunderts, zerstört 1945).*

Kupfer) auch Wein aus den Anbaugebieten längs der Oder wurde in Frankfurt verladen und oderabwärts gebracht, bzw. konnte nach Erlegung der Zölle an Frankfurt vorbeigesteuert werden.

Die Zusammenarbeit mit Stettin und die Handelsbeziehungen zu anderen Seestädten führte zu einer zeitweisen Mitgliedschaft Frankfurts in der Hanse (1368–1525).

Gewinnstreben führt aber in aller Regel kurz oder lang zur Unersättlichkeit, zu Versuchen gegenseitiger Übervorteilung, Neid und Streit. So zerbrach die Zusammenarbeit mit Stettin.

Frankfurt suchte den nach Stettin strebenden polnischen Handel zu stören, um ihn auf die Frankfurter Niederlage zu leiten. Der Verkehr auf der unteren Oder wurde von Stettin gesperrt. Die Überseeverbindungen Frankfurts waren abgeschnitten. Der Frankfurter Großkaufmannsgeist verkümmerte.

Nach der Entdeckung Amerikas war ohnehin eine neue Zeit angebrochen. Die Verkehrsrichtung wechselte nach Nordwest. Hamburg blühte auf. Der Handel zog aus Richtung Schlesien zur Elbe statt zur Oder, insbesondere nachdem Spree und Havel durch entsprechende Förderung Verkehrsbedeutung erlangt hatten.

Noch einmal gelang es Frankfurt, durch Privileg eine neue Niederlage unweit Fürstenwalde zu errichten, um am Verkehrsweg Breslau–Hamburg zu profitieren und die Verkehrslücke zwischen Oder und Spree unter Regie zu bekommen.

Unter der Regierung des Großen Kurfürsten ging es mit den großen Privilegien für einzelne Städte zu Ende.

1669 wurde der Friedrich-Wilhelm-Kanal (Oder-Spree-Kanal) südlich Frankfurts eröffnet. Die große Wasserdiagonale Breslau–Hamburg ließ Frankfurt schiffahrtmäßig ins Abseits geraten. Die

Der Frankfurter Hauptbahnhof vor 1914.

Neubau des Hauptbahnhofs 1926. Der alte Bahnhof ist rechts noch zu erkennen.

Zeit der wirtschaftlichen Vormachtstellung war vorbei. Berlins Wirtschaft blühte auf. Diese Entwicklung zugunsten Berlins wurde später durch den Bau des Hohenzollernkanals (Oder-Havel-Kanals), durch den die Verbindung Stettin–Berlin geschaffen wurde, verstärkt.

Für den Verkehr über die Oder von West nach Ost und umgekehrt behielt Frankfurt jedoch seine Bedeutung als Warenumschlag-, Markt- und später Messeplatz. Der Stapelgerechtigkeit von Eisen, Heringen und Fischwaren hatte Frankfurt 1751 entsagen müssen, behielt jedoch das Monopol des Handels mit Leinsaat, die vornehmlich nach Schlesien gesandt wurde, bis 1810. Die Messen entwickelten sich aus den mittelalterlichen Jahrmärkten.

Dreimal im Jahr Reminiscere (Februar/März), Margarethen (Anfang Juli) und Martini (Oktober) für jeweils 14 Tage wurde Frankfurt zu einem internationalen Messetreffpunkt, kaum beeinträchtigt durch Danzig und Breslau, die erst im 18. Jahrhundert an Preußen fielen.

Aus der Mark, der Lausitz und Sachsen kamen Tuche und Leinwand, aus Polen Felle, Leder, Pelzwerk, Honig und Wachs, später seidene und wollene Webwaren, Luxusartikel (Gold- und Silbersachen, Tressen, Spitzen, Stickereien), aus Hamburg und Bremen Kaffeee und Rohrzucker.

Der friderizianische Merkantilismus schädigte die Messen schwer. Auslandswaren wurden verboten bzw. hoch besteuert.

Die Zeit des Freihandels ab 1810 ließ die Messen bis 1855 wieder aufblühen. Mitte des 19. Jahrhunderts nahmen ca. 290 Häuser — darunter viele mit glasbedeckten, langgestreckten Innenhöfen — und rund 2000 Meßstellen den Meßverkehr auf; 290 Gasthöfe sorgten für die Beherbergung und Bewirtung von ca. 9000 Meßfremden. Die Entwicklung des Eisenbahnwesens und der Übergang von der Waren- zur Mustermesse, den Leipzig vollzog, ließen die Frankfurter Messen dann jedoch in der Folgezeit verkümmern.

Am 23. Oktober 1842 wurde von der Berlin-Frankfurter Eisenbahngesellschaft, die 1840 ge-

*Der überzeugend gelungene Hauptbahnhof
(Aufnahme etwa 1930).*

(über Guben) fertig und damit Berlin über Frankfurt/Oder mit Breslau verbunden. 1847 war schon die Schienenverbindung über Oderberg mit Wien hergestellt.

Seit 1870 führte von Frankfurt über Reppen nach Posen—Warschau die Märkisch-Posener Bahn als große West-Ost-Verbindung nach Rußland. Sie bedingte eine Eisenbahnbrücke über die Oder, die oberhalb Frankfurts errichtet wurde. Frankfurt war danach auch zum Zentrum eines Eisenbahnverkehrskreuzes geworden.

Die neue Grenzziehung nach dem Ersten Weltkrieg kappte die deutschen Bahnstrecken etwa 80 km ostwärts von Frankfurt bei Bentschen. Die Zuständigkeit für die bei Deutschland verbliebenen Strecken der früheren Direktionsbereiche Posen, Bromberg und Danzig wurde 1923 in Frankfurt zusammengefaßt, das Sitz der Reichsbahndirektion Osten wurde. Die Behörde bezog das ehemalige Kasernengebäude des Leibgrenadierregiments.

Seit 1945 gibt es östlich der Oder keinen deutschen Eisenbahnverkehr mehr.

Das ehemalige Verkehrskreuz ist senkrecht gespalten.

nehmigte (81,2 km lange) Bahnverbindung zwischen beiden Städten in Betrieb genommen. Sie begann in Berlin am „Frankfurter Bahnhof" (1845 als Niederschlesisch-Märkischer Bahnhof, ab 1881 als Berlin-Schlesischer Bahnhof, seit 1988 als „Hauptbahnhof" bezeichnet) und führte über Erkner/Fürstenwalde nach Frankfurt. Am 1. 9. 1846 war das Teilstück Bunzlau—Frankfurt

Eisenbahn Richtung Guben—Breslau, Blick vom Lossower Burgwall über die Oder.

Geschäftsstraße vor 1914.

Die Entwicklung von Handwerk und Industrie

Die Bezeichnung Frankfurts als „Handelsstadt" überdeckte die Tatsache, daß seit der Stadtgründung auch das Handwerk seine Bedeutung hatte.

Es befriedigte anfangs im wesentlichen nur den örtlichen Bedarf der Bürger und durchreisenden Fremden. Seine Produkte erwarben keinen besonderen Ruf, wohl weil der örtliche Handel sich hierfür kaum interessierte.

Die „vier Gewerke" der Tuchmacher, Bäcker, Fleischer, Schumacher (und Gerber) erhielten im Stadtregiment beratende Stimmen, haben hier aber nicht richtungweisend eingewirkt.

Begünstigt durch die großen im Stadtgebiet vorhandenen Ton- und Lehmvorkommen wurde Beachtliches in der Ziegelherstellung geleistet, wie die großen Backsteinbauten (u. a. Marienkirche, Rathaus, Stadtmauer) beweisen. Im Lauf der Zeit entwickelte sich auch das Töpfergewerbe beachtlich – in der Produktion von Gebrauchsgefäßen bis zur Zierkachel – und konnte mit Hilfe der Kaufleute auch exportieren.

Die Erinnerung an verschiedene Handwerkergewerbe hat sich bis jetzt in einigen Straßennamen erhalten, wenn auch ihre Häuser den Lauf der Jahrhunderte nicht überdauerten so gibt es noch heute die Wollenweberstraße, Scharrnstraße (Platz für die Fleischscharrn = Fleischbänke), Spormachergasse und Schmiedegasse.

Das Handwerk widmete sich jedoch nicht allein den Dingen des täglichen Bedarfs.

Von 1502 bis 1540 war Frankfurt die einzige Stadt in der Mark, in der Schriften, Noten und grafische Darstellungen ständig gedruckt wurden. Die hier

arbeitenden Buchdrucker, Schriftsetzer, Schrift-
gießer, Kupferstecher und Buchbinder, die neben
Büchern wissenschaftliche Abhandlungen, Streit-
schriften, Flugblätter, Gedichte, Notenblätter und
andere Schriften fertigten und vertrieben, bewirk-
ten, daß Frankfurt als Druckerstadt zu Ansehen
kam.

Die Tradition wurde später fortgesetzt, insbesondere durch die Firma Trowitzsch & Sohn, die mit
der „Oder-Zeitung" die größte Zeitung der Provinz Brandenburg herausbrachte, daneben die
„Neumärkische Zeitung" vertrieb und deren
Buch- und Kunstdruckerei einer der größten
Betriebe der Provinz war.

Einen starken Impuls erhielt das Frankfurter
Gewerbeleben nach 1686 durch die Aufnahme
der französischen Calvinisten, die vornehmlich
Tabakanbau und Seidenraupenzucht (staatlich
dekretierten Anbau von Maulbeerbäumen) und
Herstellung von Modeartikeln betrieben.

Die Versuche der Hohenzollern, eine Industrie
hochzubringen, waren aber nicht von dauerhaf-
tem Erfolg gekrönt. Der Betrieb der 1769 eröffne-
ten Seidenfabrik in der Dammvorstadt hielt sich
nur bis 1799.

Im 19. Jahrhundert verlor auch das Tuchmacher-
gewerbe völlig an Bedeutung.

Nachdem Mitte des 19. Jahrhunderts die Messen,
an denen die Frankfurter Gewerbetreibenden
zuletzt überwiegend durch Dienstleistungen ver-
dienten, eingingen, machte Frankfurt auf viele
Besucher bis zum Ersten Weltkrieg den Eindruck
eines „verschlafenen Nestes", einer Beamten- und
Garnisonstadt.

Dieser äußerlich wohl zutreffende Eindruck, der
sich z. T. auch am aufstrebenden Berlin orien-
tierte, war aber im Kern falsch. Reklame wurde in
jener Zeit kaum betrieben, und die Chronisten
verstanden von Wirtschaft wenig bzw. maßen ihr
für die Entwicklung zuwenig Bedeutung bei. Darüber hinaus lagen die Produktionsstätten zum
wesentlichen Teil außerhalb des Stadtzentrums,
überwiegend in der Lebuser Vorstadt.

In jener stillen Zeit wurden aber tatsächlich aus
kleinsten Anfängen durch eine Vielzahl tüchtiger
Privatunternehmer, die nicht nur ihr Handwerk
verstanden, sondern darüber hinaus gute Kaufleute waren, die Grundlagen für eine später doch

Frankfurt a. Oder
Schlachthof Gastwirtschaft Küstrinerstraße 41. Inh. Otto Angrées
Fernsprecher 3521

Oder-Zeitung

Größte Zeitung der Provinz Brandenburg

In ca. 450 Orten
eigene Agenten

Diese gründliche Verbreitung verbürgt den Erfolg aller Anzeigen

beachtliche Industrie gelegt, für die der Grundsatz „Mehr sein, als scheinen" galt. Sie zeichnete sich durch ihre Vielfalt aus und hatte eine weit überregionale Bedeutung. Viele Frankfurter Betriebe unterhielten auch Zweigbetriebe in der näheren und weiter Umgebung der Stadt.

Ein Hauptzweig der Frankfurter Industrie war und blieb die Verarbeitung und Veredelung von Naturprodukten.

Viele schon aus den Anfängen der Stadt überkommene Gewerbezweige wie insbesondere die Lederverarbeitung und Schuhfabrikation wurden im 19. Jahrhundert industriell ausgeweitet, auch die Industrie der Steine und Erden entwickelte sich.

1840 wurde die Steingutfabrik von Theodor Paetsch gegründet, die später stark in die nordischen Staaten exportierte.

Die schon 1777 gegründete Firma Harttung & Söhne betrieb eine Wachsbleiche, Wachswaren- und Kunstwaben-Fabrik und exportierte ihre Produkte, darunter Kerzen und Bienenzuchtgeräte, in alle Erdteile. Die Firma Heilborn & Co., 1895 gegründet, war eine der größten Seifenfabriken Deutschlands.

Kaufhaus Isidor Guttfeld (1902), später Bensberg, in der Regierungsstraße.

MÄRKISCHE MASCHINENBAU-ANSTALT

TEUTONIA · FRANKFURT-O.

GESELLSCHAFT MIT BESCHRÄNKTER HAFTUNG

Die folgenden Werbeanzeigen stammen aus dem Jahr 1920.

J. ALTRICHTER · FRANKFURT A./O.

GRÖSSTE MUSIKINSTRUMENTENFABRIK DEUTSCHLANDS

FÜR SÄMTLICHE BLECHBLASINSTRUMENTE, HOLZBLASINSTRUMENTE
STREICHINSTRUMENTE UND SCHLAGINSTRUMENTE

FERNSPRECHER: FRANKFURT-O. 46
TELEGR.-ADR.: ALTRICHTER FRANKFURT-O.

FILIALE: BERLIN W., KURFÜRSTENDAMM 72 · FERNSPR.: STEINPLATZ 10101

1865 erbaute C. A. Koehlmann in Frankfurt die erste Stärkesyrupfabrik des deutschen Ostens, die zum größten Unternehmen im deutschen Stärkegewerbe heranwuchs (seit 1871 Stärke-Zuckerfabrik AG, vormals C. A. Koehlmann). 1865 war die Malzfabrik Th. Reimann gegründet worden; Kathreiner produzierte in einem Zweigbetrieb Malzkaffee.

Von dem Unternehmen der Brauindustrie trat an erster Stelle die Frankfurter Aktien Brauerei (1870 gegründet) hervor.

Die Paul Steinbock Papier- und Zellulose-Fabrik AG (1861 von Paul Steinbock übernommen) stand bald an der Spitze der deutschen Papierfabriken.

1868 hatte J. Altrichter eine Instrumentenfabrik gegründet, die sich später als größte Musikinstrumentenfabrik Deutschlands bezeichnen konnte. Schon vorher (1857) hatte W. Sauer mit einem kleinen Mitarbeiterstamm die Orgelbauanstalt W. Sauer begründet, die diesen Namen auch noch als VEB weiterführte. Die Firma war Erbauer der größten Orgeln Deutschlands, u. a. in der Breslauer Jahrhunderthalle mit 200 Registern, im Berliner Dom, der alten Kaiser-Wilhelm-Gedächtniskirche, aber auch von vielen Orgeln des Auslands, wie z. B. in Rußland und Norwegen.

Die eisenverarbeitende Industrie wurde vornehmlich repräsentiert durch die 1854 gegründete Maschinenfabrik A. Gutmann (Kesselbau, Bau

ORGELBAUANSTALT W. SAUER

(INHABER: DR. OSCAR WALCKER)

FRANKFURT ODER

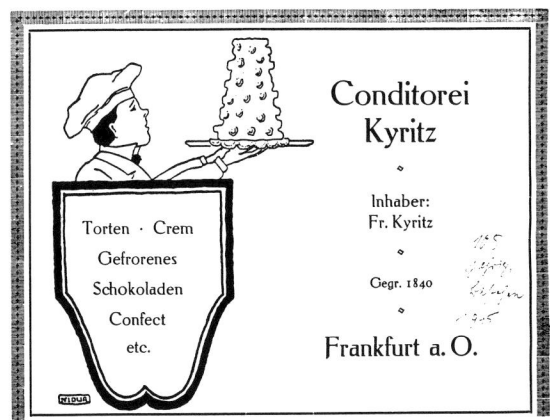

Conditorei
Kyritz

Torten · Crem
Gefrorenes
Schokoladen
Confect
etc.

Inhaber:
Fr. Kyritz

Gegr. 1840

Frankfurt a. O.

von Dampfmaschinen, Fabrikeinrichtungen, Eisengießerei), durch die Firma Rudolf Dähne (Brennereieinrichtungen) und die Firma Teutonia GmbH (Milchseparatoren) sowie Kilian (Drahtindustrie, 1861 gegründet) und andere mehr.

Die Gewehrfabrik G. Teschner & Co. Wilhelm Collath Söhne stellte von Collath aus dem Zündnadelgewehr entwickelte Jagdwaffen in der Dammvorstadt her, die zu den besten ihrer Art gehörten und vereinzelt noch heute als Raritäten angeboten werden.

In der Möbelfabrikation hatten die Firmen Mantz & Gerstenberger und Fr. Collath, die das Holz der näheren und weiteren Umgebung Frankfurts verarbeiteten, einen beachtlichen Umsatz.

Rund um Frankfurt erstreckten sich weite Wälder, Wiesen und Felder. Forstkultur, Landwirtschaft und Tierzucht gewannen Bedeutung für ganz Deutschland. Die Stadt hatte in ihrer Blütezeit viel Umland erworben. Mehrere Stadtförstereien und Stadtgüter verschafften der Stadt unmittelbar erhebliche Einnahmen.

Vor der Stadt lag einer der führenden ostdeutschen Baumschul- und Samenzuchtbetriebe, 1884 von H. Jungclaussen gegründet.

Der Betrieb vieler Unternehmen wurde begünstigt durch zahlreiche heute erschöpfte Braunkohlegruben in der Umgebung der Stadt, besonders in Finkenheerd, wo der Bedarf des Märkischen Großkraftwerkes gedeckt wurde, das Frankfurt und die ganze mittlere Ostmark mit Licht und Kraft versorgte. Das Frankfurter Braunkohlenrevier begünstigte Unternehmungen, die auf starken Brennstoffverbrauch angewiesen sind, so u. a. die zahlreichen Ziegeleien, Glashütten und chem. Betriebe.

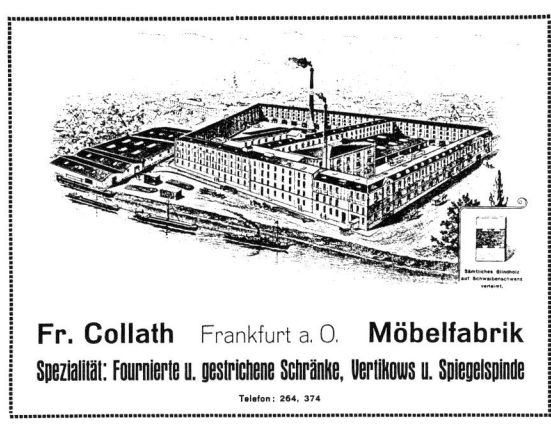

Fr. Collath Frankfurt a. O. Möbelfabrik

Spezialität: Fournierte u. gestrichene Schränke, Vertikows u. Spiegelspinde

Telefon: 264, 374

Ernst Burmeister · Frankfurt a. Oder

Telefon 941   Wagenhandlung   Lindenstr. 1

Ständig größtes Lager in neuen eleganten Kutschwagen aller Art zu Fabrikpreisen

Spezialität: Offene, moderne Wagen, wie Jagdwagen, Selbstfahrer, Spinnen, Dos-à-dos, Parkwagen usw. usw.

Die aufstrebende breitgefächerte private Frankfurter Industrie wurde schwer beeinträchtigt durch die Verluste, die der Erste Weltkrieg an Menschen und Absatzmärkten mit sich brachte, auch durch die folgenden Wirtschaftskrisen. Sie hatte sich dann gerade wieder erholt, als der Zweite Weltkrieg ihr Ende besiegelte.

Das alte selbstgeschaffene Recht des Siegers auf Beute und der politische Wille, bürgerliches Kapital zu zerschlagen, führte alsbald nach Kriegsende zu sinnlosen Demontagen (die herausgerissenen Maschinen und Werkzeuge verkamen oft bei der Lagerung im Freien) und im übrigen nach und nach zu Enteignungen. Die Mehrzahl der Unternehmer war unter den veränderten Verhältnissen nicht mehr nach Frankfurt zurückgekehrt bzw. verließ bald die Sowjetzone, da eine objektiv handelnde Verwaltung und Justiz nicht mehr vorhanden war. Statt dessen wurde ein Fanatismus gegen das Besitzbürgertum propagiert und praktiziert, der den der Nationalsozialisten in den Schatten stellte.

Die langsam im Rahmen der Planwirtschaft entstandenen „Volkseigenen Betriebe" und LPGs brachten den „Werktätigen" überwiegend weniger als vorher. Was sich nach 1945 entwickelte, war von der den Staat beherrschenden Partei geplant: Baubetriebe als „Kombinate", Möbelkombinate, Verarbeitungskombinate für landwirtschaftliche Produkte, Produktionsgenossenschaften und vor allem ein Halbleiterwerk, der größte Betrieb seiner Art in der DDR, der Transistoren und Festkörperschaltkreise für die Ostblockländer herstellte. Mit der Sowjetunion und Polen wurde das Eisenhüttenkombinat Ost erbaut und ein Kaltwalzwerk in Eisenhüttenstadt (südlich von Frankfurt bei Fürstenberg/Oder).

Die aus Besatzungsrecht entstandene politische und gesellschaftliche Umgestaltung in Verbindung mit der Entwicklung der Technik haben das Wirtschaftsgebiet Frankfurt/Oder nach 1945 vollständig verändert.

Von einer nennenswerten Privatwirtschaft kann bis 1990 im Vergleich zur Zeit vor 1945 keine Rede mehr sein. Das Unternehmertum in allen Zweigen (Produktion und Handel sowie die Betätigung der freien Berufe) ist planmäßig und rücksichtslos zerschlagen worden.

Frankfurter Stempel und Briefmarken

Der Lage Frankfurts „an der Oder" wurde in den ersten Poststempeln ab 1817 durch den abgekürzten Zusatz „A/O" (später auch „A.D.O." bzw. „A.O.") zum Ortsnamen Frankfurt Rechnung getragen. Ortspoststempel sind entsprechend dem preußischen Reglement in mannigfacher Form bekannt.

Der ausführliche Zusatz „A.D. ODER" bzw. „A/ODER" wurde in der Zeit nach 1871 verwandt, wohl um nach der Reichseinheit den Unterschied zu Frankfurt/Main deutlicher zu machen. Seit etwa der Jahrhundertwende bis in die Anfangsjahre der DDR lautete der Zusatz nur noch (Oder).

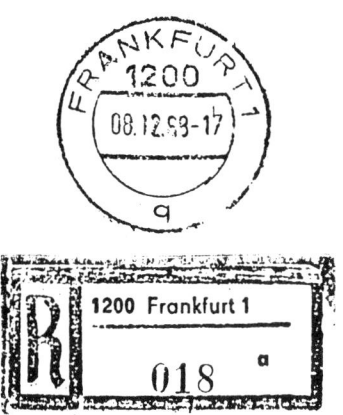

Nach der Einführung der vierstelligen Postleitzahlen (Frankfurt/Oder erhielt die Leitzahl 1200) verschwand der Zusatz allmählich als überflüssig. Für amtliche Einschreibzettel, Paketkartenaufkleber u. dgl. galt entsprechendes. Für die offizielle DDR lag das andere Frankfurt nun im Ausland.

Soweit ersichtlich ist dagegen in Frankfurt/Main auf den geographischen Zusatz „Main" auch nach Einführung der Postleitzahlen nicht verzichtet worden.

Wie in vielen größeren deutschen Städten gab es auch in Frankfurt vor der Jahrhundertwende eine Privatpostanstalt, die eigene Stadtpostmarken herausgab. Sie firmierte „Deutscher Herold" und hatte ihren Sitz in der Großen Oderstraße. Für sie waren eigene Holzbriefkästen in der Stadt aufgestellt.

Diese Anstalten, die billiger als die Reichspost arbeiteten - Drucksachen und Karten kosteten damals 2 Pfennig, Briefe 3 Pfennig - konnten sich gegen den Monopolanspruch der Reichspost nicht halten und wurden durch Gesetz im Jahre 1900 beseitigt.

In der Notzeit nach dem Zweiten Weltkrieg wurden entgegen einer verbreiteten Unsitte in vielen Städten der Mark in Frankfurt keine Lokalpostmarken herausgegeben. Der Philatelie blieben so derartige Machwerke erspart, die anderen Ortes in der Regel nur aus Spielerei und zum Zwecke des Geschäftemachens entstanden sind. In Frankfurt genügte in jener Zeit der „Gebühr bezahlt" − Stempel. Frankfurt konnte es andererseits bei so viel Sachlichkeit und Nüchternheit zu keiner philatelistischen Berühmtheit bringen.

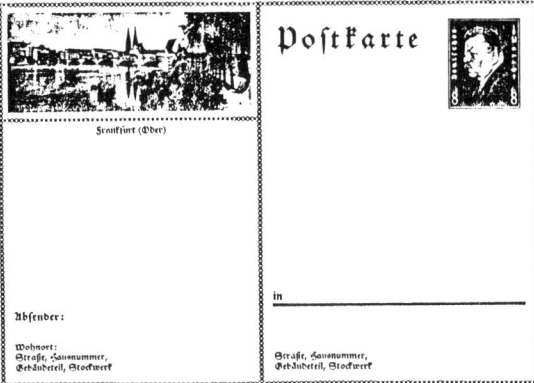

Die Reichspost brachte nacheinander in der Zeit der Weimarer Republik zwei Bildpostkarten mit Stadtansichten als amtliche Karten heraus.

Die gewöhnliche Tagespost erhielt oft den Rundstempel mit dem Rathausgiebel bzw. einen Werbestempel nach einer s. Z. oft gezeigten Zeichnung des Heimatmalers Max Heilmann.

Der Rundstempel mit der Rathausfassade wurde in der Nachkriegszeit aus politischen Gründen in abgewandelter Form mit dem Zusatz „An der Oder-Neisse-Friedensgrenze" anstelle der alten Inschrift „Haupt- u. Handelsstadt" versehen.

Die Stadt nutzte frühzeitig die Gelegenheit, sich in Werbestempeln darzustellen.

Behördenpost erhielt verzierte Werbefreistempel mit der Stadtansicht über der anfangs die Einwohnerzahl mit 75 000 später mit 81. 000 angegeben wurde.

Auch wurde die Gelegenheit von Werbezudrukken auf den Briefumschlägen von der Stadtverwaltung genutzt.

Die DDR-Sondermarkenausgabe aus dem Jahre 1953 zum 700jährigen Stadtjubiläum zählt zur sogenannten „Massenware". Es ist jedoch eine bildlich gefällige und das Spezifische darstellende Serie.

Der 16-Pfennig-Wert zeigt das Porträt eines der bekanntesten Söhne der Stadt, Heinrich von Kleist, mit dem Wappen der Familie und dem Südgiebel des Kleisthauses.

Der 20-Pfennig-Wert zeigt die Marienkirche.

Der 24-Pfennig-Wert enthält die Ansicht der Altstadt mit Oderbrücke von der östlich der Oder gelegenen Löweninsel, mit einem Zudruck der

sogenannten „Friedensglocke", die nach dem Krieg von der Ost-CDU gestiftet wurde und lediglich Propagandazwecken diente.

Der 35-Pfennig-Wert ist dem Rathaus und dem zusätzlich dargestellten Stadtwappen gewidmet.

Im Rahmen einer späteren DDR-Markenserie — kam ein Wert heraus, der ein altes „Vorlaubenhaus" zeigt, das westlich Frankfurts in Pillgram steht.

In dem in jüngster Zeit nimmer ermüdenden Begehren der Post, mit Briefmarken ein lukratives Geschäft zu machen, kamen später noch im Rahmen entsprechender Serien zwei Sondermarken heraus, die sich auf die Stadt beziehen: eine Marke mit dem Stadtwappen und eine mit der Abbildung des Siegels der Frankfurter Tuchmacher.

Ein Mixtum-Compositum schuf der Dresdner Grafiker Peter Kraus zu den 22. Arbeiterfestspie-

len im Bezirk Frankfurt. Zwei Wertzeichen werden mit einem Zwischenstück zu einem außergewöhnlich breiten Sonderpostwertzeichen zusammengehalten. Während auf dem 20-Pf-Wertzeichen das Eisenhütten-Kombinat Ost, die Landwirtschaft und die Klöster Chorin und Neuzelle dargestellt sind, enthält der 50-Pf-Wert Rathaus, Konzerthalle, Kleist-Gedenk- und Forschungsstätte, Hochhaus und Friedensbrücke Frankfurts und das Petrochemische Kombinat Schwedt. Mikroprozessoren im Zwischenstück symbolisieren die Stadt der 22. Arbeiterfestspiele als Stadt der Mikroelektronik. Ab 7. Juni 1988 war dieser farbige Zusammendruck an den Postschaltern zu haben.

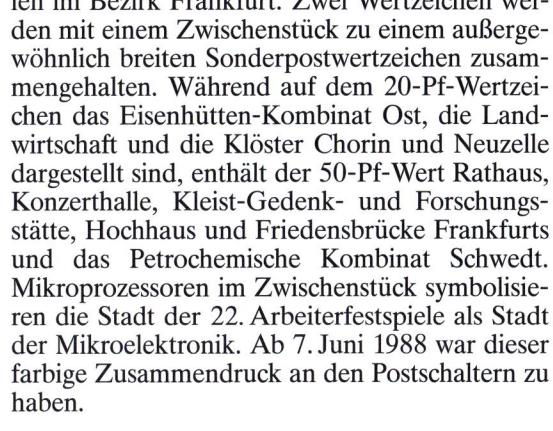

Frankfurter Schulwesen

Das Schulwesen stand in Frankfurt schon alsbald nach der Stadtgründung in Blüte. Die Weltoffenheit und die Verbindungen der Stadt beflügelten den Geist. Das ist insofern bemerkenswert, als im Mittelalter das „niedere Schulwesen" verhältnismäßig wenig Bedeutung hatte.

Schon zwischen 1300 und 1312 wurde neben mehreren „Volksschulen" eine städtische Lateinschule eingerichtet. Sie stand als „Oberschule" anfangs in enger Verbindung mit der „Oberkirche" (Marienkirche). Die Stadt bewahrte ihre ureigene Bildungsstätte, die sich im liberalen Geist weiter entwickelte und zur Realanstalt wurde, an der auch die lateinische und französische Sprache weiter gepflegt wurden. Nach Unterbringung in verschiedenen Gebäuden bezog sie 1824 das Collegiengebäude der aufgehobenen Universität und 1911 an der Kaiserstraße einen repräsentativen Bau in „historisierenden Renaissanceformen", der einst die Stadt überragte und der den Krieg überstanden hat.

1694 schuf die reformierte Gemeinde eine eigene Lateinschule, die Friedrichsschule, später staatliches humanistisches Friedrichsgymnasium, das 1882 einen Neubau in der Gubener Straße bezog.

Oberschule und Friedrichsgymnasium waren durch Jahrhunderte bis 1945 die beiden höheren Lehranstalten, die nicht nur den Frankfurter Jungen, sondern auch denen des Umlandes Bildung vermittelten, die viele in gehobene Positionen brachte. Zu den Schülern der Oberschule gehörte u. a. der spätere Großadmiral von Tirpitz; das Friedrichsgymnasium besuchten u. a. die Dichter Klabund und Gottfried Benn.

Von den weiteren in der Stadtgeschichte bedeutsamen, im Lauf der Zeit aber aufgehobenen Bildungsstätten sind außer der Universität (der Viadrina) die Ritterakademie und die Garnisonschule von Bedeutung gewesen.

Da die Universitäten nicht die Bildung vermittelten, die die Hofgesellschaft verlangte, entstanden seit dem Ausgang des 17. Jahrhunderts Ritterakademien.

Frankfurt erhielt 1671 seine Akademie im ehemaligen Bischofshof, in der Reiten, Fechten, Tanzen, Französisch und Mathematik gelehrt wurden. Die Verbindung zur Garnison war, wenn überhaupt, nur lose. Eine adlige militärische Anstalt war die Akademie nicht.

1722 wurde die Akademie mit der Berliner vereinigt, in Frankfurt verblieb für die Studenten nur eine Reitschule. Der Regimentskommandeur Prinz Leopold von Braunschweig führte um 1780 Kurse ein, um die Fahnenjunker, die schon mit 12 bis 13 Jahren oft ohne einfachste Kenntnisse in das Regiment eintraten, zu bilden und sie vom Trinken und Geldverschwenden abzuhalten.

Nachdem Friedrich II. die Bewilligung der Mittel zum Bau einer Schule für die Kinder der in Frankfurt lebenden Soldaten abgelehnt hatte, ließ Prinz Leopold durch Knoblauch 1777/78 als zweigeschossigen Putzbau unter abgewalmtem Mansardendach eine Garnisonschule errichten. Der Prinz förderte die Lehranstalt, in der Kinder einfacher Soldaten schulgeldfreien Elementarunterricht erhielten, im Sinne der Aufklärung. In diesem Sinne wurde die Schule nur noch kurz nach seinem Tod (1785) weitergeführt. Doch schon 1799 wurde durch königliche Verordnung in konservativer Gegenreaktion auf die Französische Revolution der Stoff auf das Nötigste eingeschränkt. Ein „Unterricht in Wissenschaften, von dem der gemeine Mann doch keinen Gebrauch machen könne, würde nur falsche Neigungen erwecken und dann mißvergnügt und unglücklich machen."

Das Gebäude, das jetzt das älteste erhaltene ehemalige Schulgebäude der Stadt ist, ist nunmehr Kleist-Gedenk- und Forschungsstätte.

Bereits um 1550 besaß die Stadt schon kurzfristig eine Mädchenschule. Dauerhaft begründet wurde der Unterricht für Mädchen aber erst 1798, als ein Prediger eine entsprechende Anstalt eröffnete.

Die schulische Ausbildung für Mädchen erreichte später ihren Höhepunkt mit der Einrichtung der staatlichen Heinrich-von-Kleist-Schule, die ein Lyceum und eine realgymnasiale Studienanstalt für Mädchen umfaßte. Die Schule bezog das Gebäude der ehemaligen Baugewerkschule und bildete praktisch das Pendant zum Realgymnasium „Oberschule".

Frankfurts militärische Vergangenheit

1. Bürger in Wehr und Waffen

Alsbald nach Erhebung Frankfurts zur Stadt 1253 wurden vermutlich erste Befestigungsanlagen, die aus Wall, Palisaden und Graben bestanden, durch eine Stadtmauer ersetzt, die urkundlich schon 1312 als geraume Zeit bestehend erwähnt wird

Sie war in verhältnismäßig kurzer Zeit im unteren Teil aus Feldsteinen, darüber aus Backsteinen errichtet worden und umgab die ganze Stadt in einer Länge von etwa 2 Kilometern und in einer Stärke von ca. 0,80 m auf der westlichen Landseite. Im Osten war die Stadt im wesentlichen von der Oder geschützt. Ein Graben vor der Mauer, etwa 55 Trutztürme und Weichhäuser verstärkten die Anlagen. Nur drei Tore führten von Norden, Süden und Osten in die Stadt.

Frankfurt wurde dadurch zu einer der festesten Städte der Mark im Mittelalter.

Reste der Mauer — die Stadt war aus dem alten Befestigungsring schon seit Beginn des 19. Jahrhunderts herausgewachsen — waren noch nach 1945 erhalten und wurden (im Zuge der Abräumarbeiten) in der gegen Ende des Krieges vernichteten Altstadt ohne Sinn für historische Relikte zerstört.

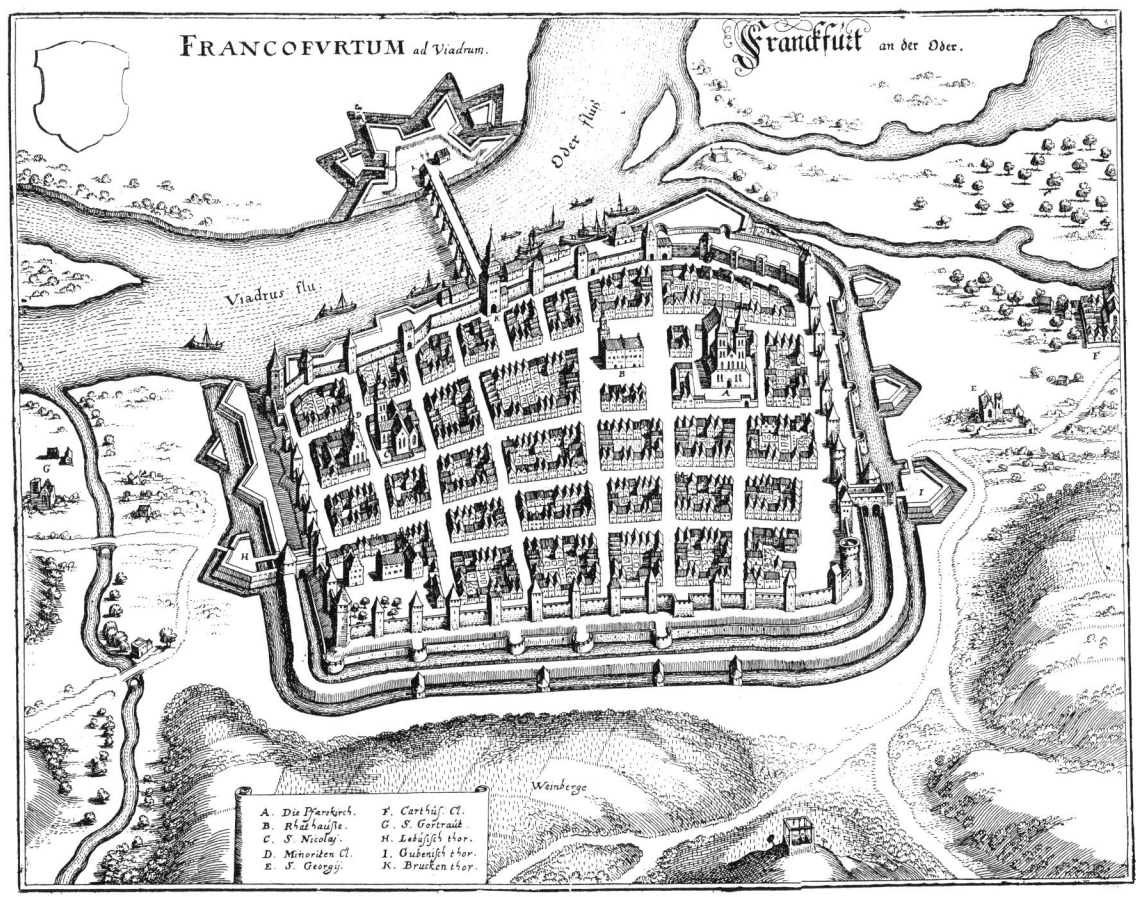

Frankfurt 1636, Kupferstich von Merian (im Vordergrund Weinberge).

Geraume Zeit unterlagen die Bürger der Wehrpflicht und mußten eigene Waffen besitzen, wie es ihnen 1396 besonders eingeschärft wurde.

Rüstungshandwerker arbeiteten in ihren Mauern, ein Zeughaus wurde erbaut.

Gewappnete Knechte hielt die Stadt seit 1347/1348. Markgraf Ludwig verlieh der Stadt das Recht, ihre Warenzüge mit bewaffnetem Geleit zu versehen. Die Führung der Bürgerwehr lag ursprünglich in der Hand des Stadtschulzen, aber schon 1312 hatte der Rat die militärische Gewalt, später wurden erfahrene Anführer bestellt. Innungen und Schützengilden pflegten das Wehrwesen.

Die Streitmacht hatte über die Grenzen der Stadt auszurücken, wenn es gegen Straßenräuber und

äußere Feinde der Landesherren ging. Sie kämpfte im Verband märkischer Städte und der Hanse. Im übrigen verteidigte sie die Stadt vor den Mauern gegen Kaiser Karl IV. (1348), Hussiten (1429/32), Polen und Litauer (1450) erfolgreich.

Aber schon im 30jährigen Krieg und auch in der Folgezeit war die städtische Miliz und das Aufgebot der Bauern in den Kämmereidörfern bedeutungslos.

Berufssoldaten waren an ihre Stelle getreten. Diese verteidigten die Stadt gegen verschiedene Angriffe wechselnder Mächte erfolglos.

Schon im 30jährigen Krieg, erst recht aber im 7jährigen Krieg war den Bürgern ein ernsthafter Verteidigungswille abhanden gekommen. Die kriegerischen Auseinandersetzungen waren nicht ihre Sache. Sie fürchteten im übrigen, daß eine stärkere Befestigung der Stadt ihnen nur die Feinde auf den Hals zog.

1813 folgten dem Aufruf des preußischen Königs zur Bildung freiwilliger Jägerkorps viele Söhne der Stadt. Die Landwehr kämpfte bei Wittenberg und Hagelsberg erfolgreich gegen Polen und Franzosen und 1815 bei Ligny und Belle-Alliance.

Das Frankfurter Landwehrbatallion hatte einen hohen Blutzoll zu zahlen. Der Gefallenen wurde auf Tafeln in der alten Franziskanerkirche gedacht.

Die Perfektion des preußischen Militärwesens erfaßte in der Folgezeit jeden Wehrpflichtigen. Nichtgediente Freiwillige in größerer Zahl meldeten sich auch in Frankfurt erst wieder 1914 in patriotischer Begeisterung zu den Waffen.

Die Zeit des „totalen Krieges" ließ — weil jeder irgendwie Brauchbare erfaßt war — für Freiwillige kaum noch Raum. Sehr viele Frankfurter fielen getreu ihrem Fahneneid auf den Schlachtfeldern der großen Kriege. Der „Volkssturm" der Jahre 1944/45 rekrutierte sich aus Einberufenen, aus an und für sich nichtwehrpflichtigen Jahrgängen. Einen nennenswerten Zugang an Freiwilligen hatte er nicht. Nachdem das I. Bataillon des Frankfurter Volkssturms Anfang 1945 in der Obra-Stellung an der alten polnischen Grenze aufgerieben war, hatten die restlichen Bataillone in Frankfurt keine militärische Bedeutung mehr, zumal bei der Aussichtslosigkeit der Lage dem Gros der Frankfurter Volkssturmmänner ein Kampfeswille fehlte. Entgegen den offiziellen Parolen vom Kampf bis zum letzten Mann galt in Wahrheit die Parole des „Rette sich, wer kann", sobald die Situation es erlaubte. Niemand wollte sich unter den Trümmern der Stadt begraben lassen.

Die nach der politischen Veränderung des Jahres 1945 entstandenen paramilitärischen Verbände wurden mehr durch Druck von oben als aus Überzeugung der Mitglieder gebildet.

Belagerung durch die Schweden, 3. 4. 1631; Kupferstich von Merian.

Stadtmauer im Bereich der Rosenstraße (vor 1945).

2. Frankfurt als Garnisonstadt

Nachdem sich die Selbstverteidigung der Stadt durch die Bürger überlebt hatte und auch das Zeitalter der sich nach ihren Kriegshändeln auflösenden Söldnerheere mit dem 30jährigen Krieg zu Ende ging, begann im 17. Jahrhundert die Zeit der stehenden Heere. Sie wurden als Instrument der absoluten fürstlichen Gewalt geschaffen, sowohl gegen äußere Feinde als auch um die Untertanen unter Kontrolle zu halten. In Frankfurt wurde bereits 1626 das Regiment von Kracht aufgestellt, das in der Militärgeschichte als ältestes brandenburgisch-preußisches Regiment gilt.

Seit den Tagen des Großen Kurfürsten ist Frankfurt dauernd Garnisonstadt geblieben, die als solche immer größere Bedeutung erlangte. Einer

anfangs nur vorhandenen Freikompanie folgten weitere Einheiten und Stäbe. Von 1723 bis 1806 haben nacheinander 8 Infanterieregimenter ganz oder zum Teil in der Stadt gelegen, nachdem 1723 zunächst die Hälfte des Infanterieregiments 24 zum Zwecke schnellerer Mobilisierung nach Frankfurt verlegt worden war.

Bis in die Zeit Friedrichs des Großen gab es aber noch keine Kasernen. Die Soldaten mit Frauen und Kindern waren in Privathäusern einquartiert, waren dort jedoch ungern gesehene Gäste.

Die Sitten waren rauh. Der Rat und die Universität hatten viele Querelen, Rangstreitigkeiten und Unstimmigkeiten mit dem zum Teil überheblichen Offizierkorps, u. a. über die Handhabung der Polizeigewalt. Der Kommandant der Garnison hatte auf das 1719 neu gefaßte rathäusliche Reglement maßgeblichen Einfluß genommen.

Kompaniefahne des Regiments Hillebrand von Kracht, 1626.

Der Ausbau der Befestigungsanlagen, insbesondere der Schanze in der Dammvorstadt, die die Oderbrücke sichern sollte, sowie der vom König 1732 befohlene Bau von Gräben und Palisaden um die drei offenen Vorstädte berührte Bürgereigentum und -interessen. Die ersten Kasernen wurden längs der Oder an der späteren Kasernenstraße gebaut. Sie wurden im folgenden Jahrhundert um die Bauten der Leibgrenadierkaserne erweitert. Exerzierplatz war und blieb bis 1918 der Anger.

Um der Aushebung zu entgehen, rissen viele junge Männer aus. Die Stadtmauern wurden ausdrücklich mit dem Ziel repariert, um zu verhindern, daß sich Rekruten „eschapieren" konnten.

Der Frankfurter Kanton wurde mit einigen benachbarten Kreisen dem Feldartilleriekorps und dem Infanterie-Regiment Nr. 26 als Rekrutierungsbezirk zugewiesen.

Die Garnison brachte der Stadt Vorteile. Sie brauchte — wie die Beamten — nicht mehr allein von der Stadt unterhalten zu werden. Staatsgelder flossen in die Stadt. Krämer, Handwerker und Gastwirte hatten unter anderem gut davon.

Unter späteren Regimentskommandeuren, so dem späteren Generalfeldmarschall Kurt von Schwerin (1723—1757), dem Herzog Leopold von Braunschweig (1776—1785) und Generalmajor von Kleist (Nollendorf, 1800—1812) war das Verhältnis zwischen Militärspitze, Rat und Bürgerschaft gut.

In den 100 Jahren von den Befreiungskriegen bis zum Ersten Weltkrieg trat die in der zweiten Hälfte des 19. Jahrhunderts erstarkende preußische Militärmacht in der Garnisonstadt Frankfurt immer stärker in Erscheinung. — Vorbei war die Zeit, in der u. a. Helmuth von Moltke (1822—1829) die Divisionsschule in der Stadt in Zurückhaltung geleitet hatte. — Für die Kommandantur wurde ein repräsentatives Gebäude am kleinen Wilhelmsplatz erworben, das als Sitz des Generalkommandos und Aufbewahrungsort der Fahnen bald Mittelpunkt für spektakuläre Gedenkfeiern und Paraden wurde.

Die nach Frankfurt verlegten Regimenter prägten später den Lauf der preußischen Geschichte.

Das Leibregiment (1. Brandenbg.) Nr. 8 König Friedrich Wilhelm III. — Chef war der jeweilige preußische König — war mit seinen Kasernen noch unmittelbar am Rand der Altstadt längs der Oder eingebettet. Die Kasernenbauten wurden 1879 bis 1882 durch repräsentative Erweiterungen im „holländischen Stil" an der Logenstraße 9/10 ausgebaut. Als Schmuck des Hofportals im westlichen Flügel fand Material vom alten Küstriner Schloß Verwendung.

Berühmt wurde das Regiment, das im März 1864 unter Prinz Friedrich Karl in den Krieg gegen Dänemark zog, als es als Teil der Brigade Raven am Sturm auf die Düppeler Schanzen teilnahm. Unvergessen ist sein Musikdirektor Gottfried Piefke (1815—1884), ihm verdanken wir mehrere populäre Märsche.

Als Formation in der 1. Armee des Prinzen Friedrich Karl nahm das Regiment 1866 am preußisch-österreichischen Krieg teil und focht bei Gitschin.

Fahne des Grenadierregiments
Prinz Carl von Preußen
(2. Brandenburgisches) Nr. 12.

Das Grenadierregiment (2. Brandenbg.) Nr. 12 (Prinz Carl von Preußen) erwarb Meriten im dänischen Krieg 1848/49, im preußisch-österreichischen Krieg und im Deutsch-Französischen Krieg.

Den in den Kriegen 1864 bis 1871 gefallenen Söhnen Frankfurts und ihren Regimentskameraden waren Gedenktafeln am Obelisken in den Anlagen und an dem mit einem flügelschwingenden Adler gezierten Denkmal der Stadt für die Gefallenen gewidmet. Dem Armeeführer Prinz Friedrich Karl wurde ein durch Wilhelm II. 1888 enthülltes Bronzestandbild zum Gedenken errichtet.

Die Denkmäler trugen die Namen der Kampfstätten: Düppel, Alsen, Gitschin, Königgrätz, Sedan, Spichern, Vionville, St. Privat, Metz, Orléans, Le Mans.

In der Zeit nach 1871 wurden umfangreiche Kasernenanlagen in der Stadt geschaffen: dem Grenadierregiment (2. Brandenbg.) Nr. 12 wurde 1876—79 im gotischen Stil in hellem Backstein eine große Kasernenanlage am Fürstenwalder Steinweg 6 errichtet.

Dem Feldartillerieregiment (2. Brandenbg.) Nr. 18 (General Feldzeugmeister) wurde unweit davon in derselben Straße die „Artilleriekaserne" in rotem Backstein erbaut.

Für das seit 1899 in Frankfurt liegende Telegraphenbataillon Nr. 2 wurden Kasernenanlagen in der Dammvorstadt (Wiesenstraße 15) geschaffen.

Zur Garnison gehörten die ehemalige Franziskanerkirche als Garnisonkirche, die Militärbadeanstalt an der Oder und ein großes Militärlazarett.

Im Stadtbild traten die militärischen Formationen beim Exerzieren auf dem Anger, auf ihren Ausmärschen durch die Stadt über die Oderbrücke zu den Schießständen an der Crossener Chaussee, zum großen Exerzierplatz Kunersdorfer Feld, bei Paraden und bei sonntäglichen Militärkonzerten — insbesondere auf dem Wilhelmsplatz und dem Hohenzollernplatz — in Erscheinung.

Im Weltkrieg hatten auch die Frankfurter Regimenter einen hohen Blutzoll zu zahlen.

Mit wuchtigen Denkmälern im Stile der Zeit wurde der Toten des Leibregiments und des Telegrafenbataillons am Anger gedacht und der Gefallenen des Grenadierregiments Nr. 12 auf dem Hohenzollernplatz sowie der gefallenen Eisenbahner auf dem Kiliansberg.

Der Militärstandort Frankfurt wurde zum typischen Beispiel für die Entwicklung der deutschen Geschichte nach 1918.

Unruhen nach dem Zusammenbruch der alten Ordnung, Sammlung der nationalen Kräfte, verstärkt durch die Flüchtlinge aus den an Polen gefallenen Gebieten, starke Abgrenzung gegen Andersdenkende, Freikorpsbildung, Frontstellung gegen das nach Westen expandierende Polentum, Versuch einer Militärdiktatur beim Kapp-Putsch, militärisches Training der Reichswehr und schließlich starker Ausbau von Kasernen und Übungsplätzen in den Randgebieten der Stadt nach Beginn der Wiederaufrüstung waren im wesentlichen die Entwicklungsstufen.

Das Offizierskorps dachte überwiegend konservativ in preußischer Tradition. Zur Frankfurter Garnison gehörten im 20. Jahrhundert zeitweise viele durch Fähigkeit und Eigenschaften herausragende Offiziere, die zu den besten der deutschen Geschichte zählen.

Leibgrenadierkaserne im Jahre 1915 (nach 1922 Reichsbahndirektion, 1945 zerstört).

Gasthaus zur Wartburg, Sonnenburger Straße 13, mit Soldaten des Telegraphenbataillons.

Zum Beispiel der spätere Generaloberst E. Hoepner (1886 in Frankfurt/Oder geboren), 1923 bis 1927 Generalstabsoffizier der 1. Kavalleriedivision; ferner der spätere Generaloberst L. Beck, der 1932/33 Kommandeur der 1. Kavalleriedivision und Standortältester war — Nachfolger von F. von Bock (1929–31) und des Freiherrn von Fritsch (1931/32)), und die späteren Generalfeldmarschälle E. von Witzleben (s. Z. Kommandeur des 8. [Preuß.] Infanterieregiments 1931–33) und M. von Weichs (s. Z. als Oberst Chef des Generalstabes der 1. Kavalleriedivision).

Sie stehen beispielhaft dafür, daß hier kein blindes Militärregiment bestand, wobei allerdings ihre Tragik in der anfangs bewußt unpolitischen Standesbezogenheit lag und auch in anfänglich übersteigertem Gehorsam gegenüber der Staatsführung.

Die Frankfurter 3. Inf. Division (mot) rückte 1939 in den Feldzug gegen Polen aus, focht dann in Frankreich, feierte die Siege in einer großen Parade in der Stadt im September 1940 und zog 1941 in den Rußlandkrieg. Sie endete im Kessel von Stalingrad. Frankfurt blieb aber auch danach ein Zentrum der Militärorganisation und Knotenpunkt für die Militärtransporte in den Osten. Als im Januar 1945 die s. Z. noch bei Warschau verlaufende Front zusammenbrach, wurde Frankfurt ein Umschlagplatz menschlichen und materiellen Elends. Bis Anfang Februar flutete die vor den Sowjets flüchtende Zivilbevölkerung des deutschen Ostens mit ihrer wenigen geretteten Habe durch Frankfurt nach Westen. Ihr folgte die nicht einsatzfähige Frankfurter Zivilbevölkerung. Als zur Stabilisierung der Front Verteidigungsschwerpunkte zu bilden waren, wurde Frankfurt am 26. Januar 1945 zur Festung erklärt, obwohl die Stadt außer zusammengewürfelten Truppeneinheiten dafür keine Einrichtungen besaß. Mit Hilfe von zwangsverpflichteten Zivilisten wurde anfangs durch Schanzarbeiten im Westen der Stadt noch versucht, eine Igelstellung auszubauen; bald trat dann jedoch eine unheilschwangere Stille in der entvölkerten Stadt ein. Die Front war bei Frankfurt im wesentlichen, trotz lokaler verlustreicher Abwehrkämpfe, erstarrt, bis die Sowjets nördlich von Frankfurt zum Stoß auf Berlin ansetzten. Nach Abzug der Besatzung, der die aussichtslose Einkesselung und Vernichtung drohte, wurde die Stadt kampflos am 23. April 1945 besetzt. Die abgezogenen Truppen und ein Teil der mitgezogenen Zivilisten ereilte ihr Schicksal im Kessel von Halbe (südlich Berlin). Sie wurden zusammengeschossen und aufgerieben. Die Reste — auch der anderen in der Mark Brandenburg in Gefangenschaft geratenen Truppenteile und Soldaten — wurden über Frankfurt in das Innere Rußlands verbracht. Die Reste der deutschen Bevölkerung aus den Gebieten östlich der Oder, die aus welchen Gründen auch immer in ihrer Heimat verblieben oder nach Ende der Kämpfe dorthin zurückgekehrt waren, wurden im Juni 1945 über die Oder gejagt. Einen deutschen Osten ostwärts von Frankfurt gab es nicht mehr, die Stadt war nicht mehr Hauptstadt und Mittelpunkt der Ostmark, sondern wurde Grenzstadt, den östlichen Teil Frankfurts (die Dammvorstadt)

verleibten die Polen ihrem neuen Staat ein und nannten ihn Slubice.

Es trat eine Erstarrung an der neuen Grenze ein, die hier willkürlich in der Mitte des Oderflusses festgelegt wurde. Sie wurde entgegen der kommunistischen Propaganda keine „Friedensgrenze" mit friedlicher Kommunikation zweier Völker, sondern der Uferbereich glich in den Nachkriegsjahren einem Niemandsland, in dem der Frieden des Friedhofes herrschte.

Über Frankfurt rollten nur noch die Versorgungstransporte der Russen. Nach Osten schafften die Russen die in der Stadt und in der Mark demontierten Wirtschaftsgüter. Seit Anfang 1947 kamen dann aus Richtung Brest-Litowsk die Transporte mit den deutschen Soldaten, die die Strapazen der Gefangenschaft überstanden hatten. Sie hatten bei der Entlassung das Lager Gronenfelde am Rand der Stadt zu durchlaufen; viele starben noch hier an der Tür zur Freiheit.

Frankfurt 1908: Das Rathaus vor der Erneuerung, das Denkmal Kaiser Wilhelms I. (1900—1944), der Kleistturm (1892—1945) zu Ehren des bei Kunersdorf gefallenen Dichters Ewald Christian von Kleist.

Belagerung durch Karl IV. 1348. Radierung von Max Heilmann..

3. Fremde Heere in Frankfurt

Viermal, aber erst in der zweiten Hälfte seiner Stadtgeschichte, hat Frankfurt die Schrecken feindlicher Besatzung erlebt: im 30jährigen Krieg durch Kaiserliche und Schweden, im 7jährigen Krieg durch Russen, im Zeitalter Napoleons durch Franzosen und seit Ende des Zweiten Weltkrieges durch Sowjets.

Nach der Stadtgründung 1253 bis zum 30jährigen Krieg ist die stark befestigte Stadt zwar wiederholt von feindlichen Mächten berannt worden, wurde jedoch nie eingenommen.

Das gelang weder 1326, als sie vom polnischen König Johann Lokietek belagert wurde, noch 1348, als Kaiser Karl IV. die Stadt wochenlang belagerte, um den Markgrafen Ludwig (von Bayern) gefangen zu nehmen, der sich in der Stadt aufhielt.

Auch 1432 mußten die in die Mark eingefallenen Hussiten nach Zerstörung des Carthaus-Klosters und der Gubener Vorstadt wieder abziehen.

Schon kurz danach, 1450, belagerte ein Heer aus Polen, Litauern und Preußen die Stadt, um den freien Handel der polnischen Kaufleute über die Oder zu erzwingen. Es wurde jedoch durch den der Stadt zu Hilfe gekommenen Markgrafen geschlagen und zum Abzug veranlaßt.

Schließlich mißglückte 1477 Herzog Hans von Sagan die Einnahme der Stadt. Er konnte jedoch Dammvorstadt und Oderbrücke niederbrennen.

Wenn auch alle vorgenannten Angriffe gegen die Stadt im Endergebnis scheiterten, fügten sie ihr dennoch schwere Schäden durch Beschießung und Brände zu, die von Archäologen nach dem Zweiten Weltkrieg, als die Grabungssituation günstig war, durch freigelegte Zerstörungshorizonte festgestellt werden konnten.

Frankfurt hatte sich in den auf die Gründung folgenden Jahrhunderten den Ruf einer uneinnehmbaren Festung erworben, der jedoch im 30jährigen Krieg alsbald zerbrach. Die Stadt wurde zum Spielball der Mächte.

1626 zog das von Wallenstein bei Dessau geschlagene Söldnerheer des Grafen von Mansfeld fünf Tage lang vom 6. bis 10. Juli — eskortiert von bewaffneten Frankfurter Bürgern — durch die Stadt in Richtung Schlesien. Anschließend besetzte die kaiserliche Armee 1627 die Stadt, nachdem der Kurfürst sich zu einem Bündnis mit dem Kaiser gezwungen gesehen hatte. Zweimal hielt sich hier Wallenstein auf (1627 und 1628). 1631 kam Tilly, nachdem König Gustav Adolf von Schweden ein Jahr zuvor in Usedom gelandet war, in die Stadt, wich dann jedoch nach Westen aus.

Am 3. April 1631 nahm der Schwedenkönig die Stadt, in der 6000 Soldaten lagen, nach Beschießung im Sturm und erlaubte eine 12stündige Plünderung. Stadt und Bürgerschaft litten schwer.

Nachdem sechs schwedische Regimenter in der Stadt gelegen hatten — Frankfurt wurde Mittelpunkt der schwedischen Oderstellung — wechselten die Besatzungen in schneller Folge: Brandenburger, 1633 Kaiserliche, nach erneutem Sturm 1634 wieder Schweden, nach deren Abzug 1635 wieder Kaiserliche, 1636 kam es zur dritten Einnahme der Stadt durch Schweden, dann kamen wieder Brandenburger, bis die Schweden dann nach der letzten Besetzung 1640 bis 1644 in Frankfurt verblieben.

Es machte für die gequälten Bewohner kaum noch etwas aus, ob man kaiserliche, schwedische oder andere Besatzungstruppen hatte. Die Soldaten nahmen alles, was nur irgendwie zu nehmen war. Auch die brandenburgische Einquartierung brachte die Stadt in Bedrängnis.

Frankfurt war schließlich von etwa 7000 Einwohnern auf ca. 2000 gesunken, von 1029 Häusern waren noch 272 bewohnbar.

Nur langsam und schwer konnte sich die ausgeplünderte und abgebrannte Stadt erholen, zumal auch die Umgebung noch das Leid der verbrannten Erde erlitten hatte und darüber hinaus die Greuel und den Vandalismus des Krieges.

Gut hundert Jahre blieb die Stadt dann unbehelligt von Feinden.

1759 stießen die Russen im 7jährigen Krieg als Gegner Friedrichs II. bis zur Oder vor. Die schwache preußische Besatzung Frankfurts zog — nicht zuletzt auf inständiges Bitten der Bürgerschaft hin — ab. Die Stadt unterwarf sich den Russen unter Soltykoff und ließ sie am 1. August einrücken. Die Russen verlangten sofort erhebliche Kontributionen und brachten Rat und Bürger in größte Schwierigkeiten.

Alsbald kamen auch die Österreicher, gelangten jedoch über die Gubener Vorstadt nicht hinaus. Es kam zu Erpressungen und Geiselnahme durch die Besatzer. Als Geisel wurde auch der Bürgermeister fortgeführt.

Denkmal am Standort Friedrichs des Großen bei der Schlacht von Kunersdorf (1945 zerstört).

73

Am 12. August 1759 hatte Friedrich der Große bei Kunersdorf auf der östlichen Oderseite versucht, die Russen aus ihren Stellungen zu werfen und war gescheitert. Die Russen feierten ihren „Sieg bei Frankfurt", nutzten ihn jedoch nicht zum Fangstoß gegen den über die Oder sich zurückziehenden König.

In Frankfurt dauerten Pressionen auf die Bevölkerung an, demgegenüber traten einzelne Akte der Ritterlichkeit zurück, insbesondere bei der Beerdigung des in der Schlacht von Kunersdorf schwer verwundeten Dichters und Offiziers Ewald Christian von Kleist, dem einige russische Offiziere alle Ehren erwiesen.

Noch einmal suchten im folgenden Jahr die Russen die Stadt heim, dann konnte sie sich langsam von den Folgen des Krieges erholen.

Die Ruhe vor feindlicher Besatzung dauerte dann aber nur ein knappes halbes Jahrhundert.

Napoleon zerschlug die veraltete preußische Militärmacht — ihm war auch das Frankfurter Regiment v. Zenge entgegengezogen — im Oktober 1806 bei Jena und Auerstedt. Vor den vordringenden Franzosen zog sich der kleine Rest des preußischen Militärs aus Frankfurt zurück, bereits am 27. Oktober besetzten die Franzosen die Stadt.

Wieder hatte die Stadt unter Einquartierungen, Mißhandlungen, Requisitionen und Zwangswirtschaft zu leiden. Frankfurt wurde für die Franzosen zum wichtigsten Garnison- und Etappenort. Die Stadt erlebte den Durchzug vieler berühmter Heerführer des Korsen mit ihren Korps. Von 1806 bis 1808 sind im Lauf der Zeit hier Hunderttausende von Soldaten gen Osten gezogen.

Nachdem 1809 wieder preußische Truppenteile in die Stadt verlegt waren, erlebte die Stadt wenige Jahre danach 1812, nachdem das Hauptquartier der 3. franz. Armee hierher verlegt war, den Durchzug und 1813 den Rückzug der Reste der „Großen Armee".

Mit dem Niederbrennen der Frankfurter Oderbrücke versuchten die abziehenden Franzosen, eine Atempause zu erlangen. Die nachrückenden Russen konnte das jedoch nicht aufhalten. Schlimme Rache wurde von ihnen an den im Lazarett zurückgebliebenen Franzosen genommen.

Fremde Soldaten hat Frankfurt in der Folgezeit nur noch als Gefangene gesehen; Franzosen,

Polen und besonders Russen im Ersten Weltkrieg. Die Russen wurden zu Arbeitseinsätzen herangezogen und schufen insbesondere die Grundlage für das spätere Stadion.

Es dauerte nach den letzten Kämpfen 1813 dann gut 132 Jahre, bis die Russen als Folge des verlorenen deutschen Ostfeldzuges Anfang 1945 wieder vor der Stadt standen.

Waren sie 1759 als feindliche Besetzer, 1813 als „Befreier von der Franzosenherrschaft" gekommen, so waren sie jetzt angetreten, „um den Geist des deutschen Faschismus und Militarismus auszurotten", in des Wortes schärfster Bedeutung. Alsbald nach dem Abzug der deutschen „Festungsbesatzung" April 1945 brannte die Stadt, zum überwiegenden Teil von den Eindringlingen mutwillig angezündet. Die Bürgerhäuser der Altstadt wurden hierbei vollständig vernichtet.

Frankfurt wurde östlich der Oder zum polnischen und westlich der Oder zum sowjetischen Garnisonsort.

Der „Geist des Militarismus" wurde aber nicht vernichtet; man zog in den alten Kasernen, die außerhalb des Stadtzentrums lagen, nur neue Fahnen auf. Gefragt wurde niemand.

Vae victis!

Wo bis 1944 auf dem Wilhelmsplatz im Zentrum der Stadt die Reiterstatue Wilhelms I. gestanden hatte, wurde ein russischer Soldatenfriedhof angelegt. Die Toten wurden einige Jahre später auf den ehemaligen Exerzierplatz der preußischen Garnison, den Anger, umgebettet. Ihnen zu Ehren wurde ein monumentales Sowjetehrenmal errichtet.

Nach der kommunistischen Propaganda wurde die Stadt sowie das deutsche Volk „vom Faschismus befreit". Verschwiegen wird, daß sich nach der Besetzung der Stadt Teile einer Soldateska mit sinnlosem Mord, Raub, Plünderung, Brandstiftungen und unzähligen Vergewaltigungen austobten, bis sie allmählich zur Räson kamen.

Die Zeit zwischen den Kriegen

Die Zeit nach 1918 brachte eine Unruhe in das Frankfurter Leben, wie es sie seit 1848 nicht gegeben hatte. Die alte — im Verhältnis zu dem, was dann kam — beschauliche Ordnung zerbrach, die politischen und sozialen Gegensätze wurden hochgeputscht. Der Verlust der Provinz Posen zeigte plötzlich die Gefahr des nach Westen drängenden Polentums, das man weit im Osten wähnte, das nun aber seine Staatsgrenze bis auf 80 km an die Stadt heran errichten konnte. Nach Schlagworten der damaligen Zeit hatte Frankfurt

wurde, so handelte es sich bei ihnen jedoch nicht um blutrünstige Revanchistenvereine, sondern überwiegend um Erscheinungen deutscher Vereinsmeierei.

Es war eine Generationsfrage, bis der größte Teil dieser Gruppierungen einschließlich des „Stahlhelms" und des „Deutschen Ostbundes" von der Bildfläche verschwunden gewesen wäre, wie einst die Veteranenvereine von 1870/71.

Der „Deutsche Ostmarkenverein" und der „Deutsche Ostbund", letzterer mit seinem Landesverbund „Ostmark" in Frankfurt/Oder (ab 1933 der „Bund Deutscher Osten") beschränkten sich

Städtisches Notgeld von 1920.

die Rolle Posens zu übernehmen und zur „Hauptstadt der mittleren Ostmark" zu erstarken.

Die außergewöhnliche große Zahl von vaterländischen und politischen Vereinen im Frankfurt jener Zeit erklärt sich ohne weiteres aus der Vielzahl ehemaliger und aktiver Offiziere und Beamten am Ort sowie entsprechender Flüchtlinge aus dem Posener Gebiet. Außer der Erfüllung karitativer Aufgaben betrieben diese Vereine überwiegend Traditionspflege, was aus der Natur der Sache Kritik an den bestehenden Verhältnissen beinhaltete. Wenn hierbei in Wort und Schrift oft überzogen

allerdings nicht auf karitative Fürsorge, Traditions- und Kulturpflege, sondern redeten einem unbegrenzten Zug gen Osten das Wort.

Man glaubte, daß eine Entwicklung, die 700 Jahre zuvor stattgefunden hatte, sich wiederholen könnte; man übersah aber, daß die deutsche Ostsiedlung des Mittelalters unter ganz anderen Verhältnissen stattgefunden hatte, vor allem weniger Theoretiker und Verwaltungsbeamte gebraucht hat als vielmehr anpackendes Volk.

Mit dem Blick über Jahrhunderte zurück wurde die wirtschaftliche Entwicklung der letzten hundert Jahre unzureichend zur Kenntnis genommen.

Es wurden zudem leichtfertig Feindbilder aufgebaut und so überzeichnet, daß auch damit die Arbeit der Verbände aus nachträglicher Sicht in Mißkredit gebracht wurde.

Die vaterländischen Vereine der Zeit nach 1918 hatten lokal, da sie an die alte Ordnung des Reiches anknüpften, eine wohl erheblichere Bedeutung als die krisengeschüttelten, in ihrem Mitgliederbestand stark wechselnden Parteien der Weimarer Zeit.

Von sich aus hätten diese Kräfte aber schwerlich die Welt bewegt. Erst als Hitler die Bühne betrat, wurden sie in die von ihm inszenierten Schauspiele und später Tragödien hineingerissen, die zu ihrem eigenen Untergang führten, aber darüber hinaus zum Untergang ihrer Vorstellungen und Ideen überhaupt.

Die NSDAP hatte wesentliche Programmpunkte von vielen dieser vaterländischen Vereine übernommen und fand damit in Frankfurt überdurchschnittlich viele Anhänger — trotz beachtlicher, insbesondere konservativer Resistenz. Bei der Reichstagswahl vom 31. Juli 1932 stimmten von 45 628 zur Wahlurne gegangenen Frankfurtern 22 526 für die NSDAP, also knapp 50 % bei einem Reichsdurchschnitt von 37,4 %. Die SPD wählten 11 305, die KPD 5014 und die DNVP 3667.

Zwar gab es am 6. November 1932 eine geringfügige Verschiebung dahin, daß die NSDAP auf 21 750 Stimmen sank, die SPD-Stimmen sanken aber auch auf 10 372.

Dagegen gewannen die KPD, deren Stimmenanteil auf 6030 stieg, und die DNVP (5292 Stimmen).

Die überwiegend vereinfachende Geschichtsschreibung der Nachkriegszeit stellt in der Regel zu sehr auf die Bedeutung der Parteien und der für sie abgegebenen Stimmen für das öffentliche Leben ab.

Hierbei wird in der Regel aber übersehen, daß die Dinge sich mehr nach der Grundeinstellung der Menschen entwickelten, unabhängig davon, welche Partei sie im Moment gewählt haben. Sowohl auf der linken als auch auf der rechten waren die Grenzen stets flüssig.

Ehemalige Kommunisten und Sozialisten hatten wegen des sozialistischen Gedankengutes der Nationalsozialisten oft keine großen Probleme, im Nationalsozialismus aufzugehen, aber auch nicht, nach 1945 wieder umzuschwenken und zum Teil die alten Parteibücher hervorzuholen.

Eindeutig zu Ende ging 1945 die alte bürgerliche Ordnung, die weithin unpolitisch war bzw. deren Interessen ein weltanschaulich breites Spektrum bildeten.

Ausflugslokal
Waldhaus Rosengarten
(um 1930).

Gaststätte am Wilhelmsplatz (um 1930), im Hintergrund das Ufa-Kino.

Ansichtskarte aus dem Eichwald (1899).

Stadion am Ostrand der Stadt (vollendet 1927).

Sport

Der Turnvater Friedrich Ludwig Jahn hatte im Lauf seines Lebens mehrfache Beziehungen zu Frankfurt. Seinen Gedanken folgend, wurde schon 1814 ein erster Turnplatz in Frankfurt hinter dem Dammfriedhof angelegt. Einen dauerhaften Verein konnten die örtlichen Turnerfreunde jedoch erst 1860 begründen (Turnverein von 1860).

Von der Vereinsturnhalle über Turnfestplätze, insbesondere auch auf dem Anger, führte die Entwicklung der Sportanlagen ab 1914 bis zum großzügigen Ausbau des Ostmarkstadions östlich der Oder an der Kleisthöhe.

Mit ausgedehnten Sport- und Spielplätzen und Tribünen wurde das „Stadion" die größte Anlage dieser Art in der mittleren Ostmark. Es war hervorragend für Schauwettkämpfe und Darbietungen größerer Art geeignet — später bot es auch für eine Hitlerrede eine seinen Vorstellungen entspre-

chende Kulisse. Es dient heute, so gut wie unverändert, polnischen Sportlern. Auf dem Karthausplatz entstand aus Trümmerschutt ein Stadion für den Westteil der Stadt.

Charakteristisch war die besondere Beziehung des Frankfurters zum Wasser. Beginnend mit den Badekuren, die unter Ausnutzung der zu Anfang des 19. Jahrhunderts noch vorhandenen Quellen ermöglicht wurden — es gab mannigfaltige Kureinrichtungen —, wurde später die Oder selbst bevorzugtes Bade- und Schwimmgebiet. Private und Militärbadeanstalten säumten gegen Ende des vorigen Jahrhunderts die Ufer des Flusses. Man holte sich zwar gelegentlich Krankheiten aus der Oder (der Vater des späteren Reichskanzlers Michaelis, s. Z. Richter am Oberappellationsgericht, starb nach einem Bad in der Oder an der Cholera 1866), blieb aber dem Baden in der Oder bis zum Herbst 1944 treu.

1927 war auf der langgestreckten grünen Insel „Ziegenwerder", die dem westlichen Oderufer vorlagert, eine städtische Badeanstalt geschaffen worden, südlich der benachbarten Militärbadeanstalt. Hierher zog in den Sommertagen die badelustige Frankfurter Bevölkerung und auch das Militär. Auf der grünen Oderinsel mit schmalem Sandstrand herrschte im Sommer stets reges Treiben. Der Leistungssport wurde in den neuzeitlichen Schwimmanlagen des „Stadions" gefördert. Weniger aus gesundheitlich-hygienischen Gründen als aus politischen wurde das Baden in der Oder nach Kriegsende 1945 verboten. An das Ostufer des Ziegenwerders wurden die Grenzpfähle des DDR Gebietes gesetzt, die Oderwiesen jenseits des Stromes waren Polen einverleibt.

Als Ausgleich wurde als Badegebiet der „Helenensee" südwestlich von Frankfurt ausgewiesen, eine zwar reizvolle, aber nicht mehr so leicht wie früher erreichbare Badegelegenheit. Der Helenensee entstand aus dem Tagebau der Braunkohlegrube „Helene".

Eine besondere Bedeutung erlangte in Frankfurt der Sport auf dem Wasser, insbesondere der Rudersport, im Winter auch der Eissport.

Schon alsbald, nachdem sich das Rudern von England her nach Deutschland verbreitete, bildeten sich in Frankfurt Rudervereine, insbesondere Schülerrudervereine unter besonderer Förderung durch die Schulen.

1882 wurde der „Frankfurter Ruderclub" gegründet, im selben Jahr bereits der „Triton" für die Schüler des Realgymnasiums,

1884 wurde für die Schüler des Friedrichgymnasiums der „Wiking" gegründet.

Der etwas später entstandene Frankfurter Ruderverein von 1889 gründete alsbald eine Damenruderabteilung, der später eine Ruderriege der Heinrich-von-Kleist-Schule folgte.

1908 entstand der Ruderclub Oderhort.

Die Bootshäuser wechselten im Lauf der Zeit ihre Standorte und ihr Aussehen.

Gepflegt wurden insbesondere die Wanderruderei und das gesellige Leben.

Weit über die lokale Bedeutung wuchs der Ruder-

Ruderregatta auf dem Brieskower See.

sport hinaus, als der Regattaverein „Mittlere Oder e. V." (1921 gegründet) etwa 5 km südlich von Frankfurt den sich vom Oderstrom abzweigenden „Brieskower See" in langjähriger Arbeit zur Rennstrecke ausbaute.

Die Strecke wurde wegen des Schutzes vor Seitenwind im Osten durch Wald, im Westen durch den Damm der Bahnlinie Frankfurt—Guben zu einer der vollkommensten in Deutschland.

Hier fanden unter dem Namen „Ruder Regatta Frankfurt a. O." Wettkämpfe statt, die sich mehr und mehr zu den ersten rudersportlichen Veranstaltungen des Reiches entwickelt haben.

Nach Gründung der DDR wurde der Rudersport in wesentlich geringerem Umfang als vor dem Krieg wieder aufgenommen.

Lebhaft betrieben wurden in Frankfurt natürlich auch alle anderen Sportarten. Der Schießsport wurde schon seit 1406 gepflegt. Ihm dienten im

Lauf der Zeit mannigfache Anlagen. Das „Schützenhaus" auf dem Damm wurde nach 1945 polnische Kirche, einer der seltenen Fälle im Osten, daß aus einem profanen Gebäude eine Kirche wurde, während sonst die Tendenz herrschte, Kirchen zu profanisieren.

Es gab in Frankfurt nach der Jahrhundertwende u. a. zahlreiche Turn-, Reit- und Wandervereine, Rad- und Kraftsport- sowie Fußballclubs.

Der Fußballclub Viktoria entstand 1904 und hatte seine Anhängerschaft besonders in der Stadtmitte und im Norden. Der FC „Preußen 08" stützte sich auch auf die Mitte und den Westen der Stadt. Die Fußballfreunde aus dem Stadtteil Beresinchen fanden sich im FC „Eintracht" zusammen und die aus der Dammvorstadt im FC „Stern". Besonders Viktoria und Preußen genossen vor 1945 über den lokalen Rahmen hinaus Ansehen.

Allen diesen bürgerlichen Vereinen war eigen, daß sie sich weniger durch staatliche Zuwendung

Bootshäuser des Ruderclubs von 1889 und des Ruderclubs Wiking auf der Löweninsel (vor 1945).

Jugendherberge Lagow (Kreis Ost-Sternberg), erbaut um 1930 von der Stadt Frankfurt.

als durch Beiträge der Mitglieder und freiwillige Spenden selbst unterhielten und damit ihre Existenz vom Idealismus ihrer Mitglieder entscheidend abhing. Soweit sie von einiger Bedeutung waren, fanden sie spätestens 1945 mit dem Untergang der bürgerlichen Ordnung ihr Ende. Was später an sozialistischen Sportgruppen neu entstand, d. h. im wesentlichen „von oben" organisiert und eingerichtet wurde, atmete einen anderen Geist.

Der sozialistische Staat baute nach 1945 Betriebssportgemeinschaften auf, die sich vielfach aber von dem beruflichen Hintergrund getrennt haben. Erfolgreichster Frankfurter Verein wurde der Armeesportclub „Vorwärts", der wegen seiner Privilegien viel kritisiert wurde.

Eine besondere Erinnerung an sportbegeisterte Frankfurter findet man in den Stubaier Alpen: die Winnebachseehütte. Die 1885 gegründete Frankfurter Sektion des Deutschen und Österreichischen Alpenvereins konnte 1901 die vom Ötztal aus erreichbare in 2350 m Höhe gelegene Hütte einweihen. Sie ist heute noch eine schlichte Bergsteigerhütte und birgt viele Erinnerungen an Frankfurt, die die Sektion Hof (Bayern) des Deutschen Alpenvereins als gegenwärtige Besitzerin sorgsam hütet.

Winnebachseehütte des Deutschen Alpenvereins (2350 m).

Frankfurt 1914 bis 1945

Als Militärstadt hat Frankfurt unendlich viele Soldaten während der beiden Weltkriege eine Zeitlang in seinen zahlreichen Kasernen beherbergt. Andere passierten die Stadt auf dem Weg zur oder von der Front. Russische Kriegsgefangene errichteten im Ersten Weltkrieg aus Holz die spätere Heilandskapelle im Lager Gronenfelde und waren beim Bau des Stadions eingesetzt. Die Novemberrevolution 1918 vollzog sich in milden Formen; die zurückkehrenden Frontsoldaten hißten Ende 1918 wieder die preußische Flagge. Die Wahlen zur Nationalversammlung 1919 brachten auch in Frankfurt der Sozialdemokratie die absolute Mehrheit (52,5 %). Dennoch blieb in Frankfurt die Anhänglichkeit an die Monarchie lebendig.

Beim Vorgehen des Freikorps Euler gegen Demonstranten, die auf dem Marktplatz gegen die Lebensmittelpreise protestierten, waren am 16. Juni 1919 acht Tote zu beklagen.

Nachdem Berlin 1920 aus der Mark ausgegliedert worden war, wurde Frankfurt mit 70 000 Einwohnern zur größten märkischen Stadt. Von großem Gewicht für die Stadt und den Regierungsbezirk war die Abtretung der größten Teile der Provinzen Posen und Westpreußen (ohne Volksabstimmung) an Polen aufgrund des Friedensdiktates von Versailles. Die neue Reichsgrenze lag nun 80 km östlich der Stadt. Ein breiter Strom von Flüchtlingen und aus der Heimat verdrängten Deutschen kam nach Frankfurt. 1922 wurde in Frankfurt die Reichsbahndirektion Osten begründet, die Nachfolgerin der Königlich Preußischen Eisenbahndirektionen Bromberg und Posen. Für die 700 Beamten, die in der früheren Leibgrenadierkaserne die neue Behörde einrichteten, wurden an verschiedenen Stellen der Stadt Wohnsiedlungen gebaut. Sie fallen noch heute durch ihren guten Stil und die solide Bauweise im Stadtbild deutlich auf. Der verantwortliche Architekt Martin Kießling schuf insbesondere im Westen der Stadt die vorbildlich geplante Siedlung Paulinenhof als Gartenstadt im Heimatstil. An der Elisa-

Paulinenhof, Richtweg zwischen Posener Ring und Thorner Grund.

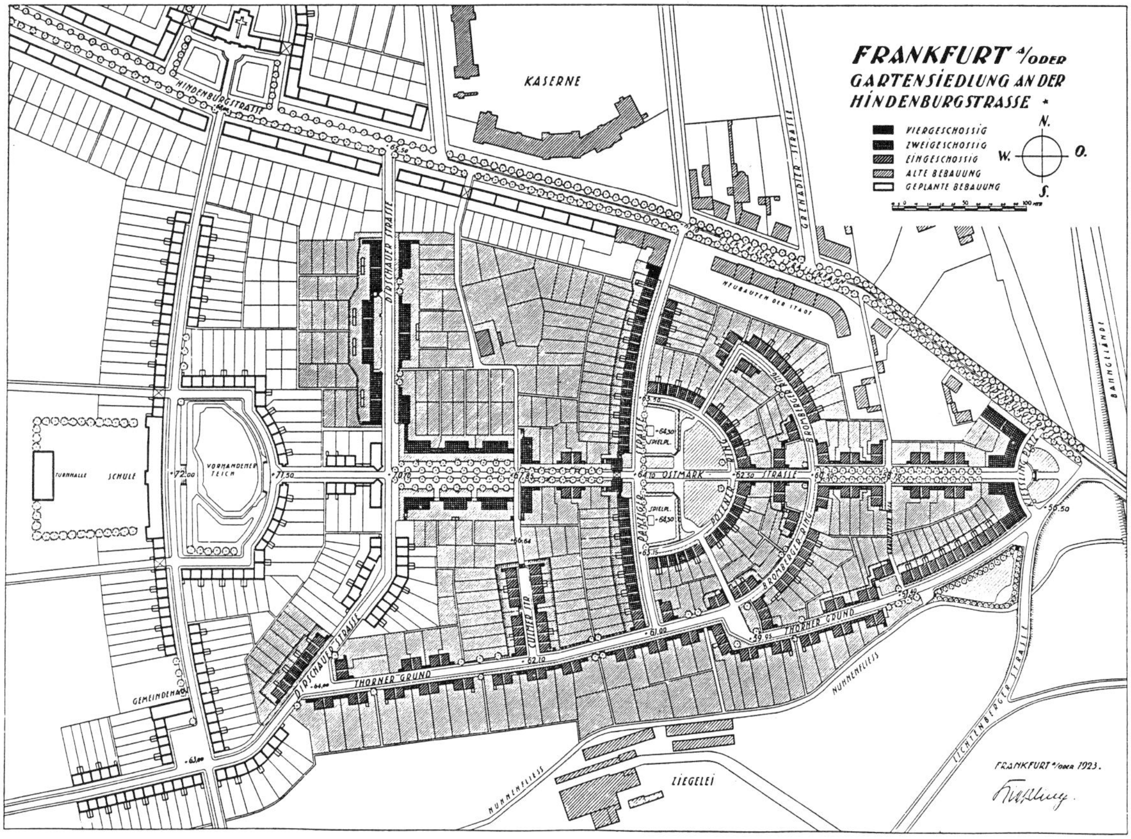

Martin Kießlin: Planung der Siedlung Paulinenhof.

Nördlicher Eckbau der Humboldt- und Sophienstraße.

bethstraße entstand ein Haus, dessen Erker Wappen der in Posen und Westpreußen verlorenen Städte schmückte.

In der „Hauptstadt der mittleren Ostmark" oder „dem Tor zum deutschen Osten", wie Frankfurt zwischen den Kriegen genannt wurde, entwickelte sich eine vergleichsweise lebhafte Bautätigkeit. Der Hauptbahnhof entstand neu. Am Ostrand der Dammvorstadt wurde 1924 ein Ausstellungsgelände geschaffen (Ostmarkenschau für Gewerbe und Landwirtschaft = OGELA) und nahebei am Fuß des Kleistturms das vorbildliche Ostmarkstadion (1926/27). Gleichzeitig entstand in der Bergstraße der Neubau der Georgenkirche (Zentralbau von Curt Steinberg mit verklinkerter Fassade).

Wieckeplatz, Blauer Erker im Wohnhof.

Häuserblock am Wieckeplatz. Ansicht von Südosten.

84

Wappenerker in der Elisabethstraße (1922/23). Dargestellte Stadtwappen: Bromberg, Königshütte, Graudenz, Posen, Lissa, Gnesen, Danzig, Thorn, Dirschau, Saarbrücken (!). (Der rechte Flügelbau existiert nicht mehr.)

Humboldtstraße, Einfamilien-Reihenhäuser.

Paulinenhof, Torbogenhaus.

Paulinenhof, Culmer Straße.

Walter Zickerow:
Blick vom Prinzen-
ufer auf die Stadt;
Aquarell, Mitte 1944.

Wohnhof am Wieckeplatz.

Carl Alexander Brendel:
Blick auf die Stadt
vom Pfarrwinkel aus;
Gemälde.

Otto Bartning: Musikheim (1929).

Frankfurt a. O. Musikheim   19454

Seitenflügel des Musikheims in der Gnesener Straße.

Weit über Frankfurt hinaus wirkte von 1929 bis 1941 das „Musikheim" am Paulinenhof. Es ging auf die Neue Musikbewegung zurück und wurde von Georg Götsch inspiriert und geleitet. Kultusminister C. H. Becker sorgte dafür, daß der preußische Staat den Bau finanzierte. Otto Bartning entwarf das höchst moderne Gebäude, in Frankfurt „Trillerscheune" genannt. Es steht heute nach entstellenden Umbauten dem „Kleisttheater" zur Verfügung. Neben der Durchführung eigener Tagungen diente das Musikheim der musischen Weiterbildung der preußischen Volksschullehrer, insbesondere für die in den Ostprovinzen tätigen. Ältere Volkslieder, Volkstanz und Theater wurde in kurz- und langfristigen Tagungen gepflegt. Darüber hinaus referierten unter anderem Werner Heisenberg und Eugen Rosenstock-Huessy. Den Nationalsozialisten war die Arbeit des Musikheims ein Ärgernis. Deshalb war sie für manchen Frankfurter gerade nach 1933 attraktiv.

89

Die Reichswehr spielte auch nach 1933 in der Stadt eine wichtige Rolle. In ihrer Distanz zum politischen Alltag setzte sie Maßstäbe.

Die NSDAP verfügte ab 1930 über eine starke Anhängerschaft, die erheblich über dem Reichsdurchschnitt lag. Bei den Märzwahlen 1933 gewann sie eine starke absolute Mehrheit in der Stadtverordnetenversammlung.

Wie überall wurden auch in Frankfurt nach 1933 Juden verfolgt, und am 9. November 1938 wurde die 1822 erbaute Synagoge in der Wollenweberstraße zerstört. Die letzten Juden wurden 1942/43 nach Polen in die Vernichtungslager verschleppt. Nur wenige überlebten in Verstecken in Frankfurt. Kommunisten wurden verfolgt. Der Kirchenkampf wirkte sich deutlich aus. Der militärische Widerstand hatte in Frankfurt und Umgebung viele Anhänger.

Bis auf den Bau der Autobahn nach Berlin haben die Nationalsozialisten für Frankfurt kaum Positives geleistet. Durch Gesetz vom 21. März 1938 wurde Frankfurt zwar zur Hauptstadt der Provinz Brandenburg erhoben; doch wurde das nicht realisiert.

Die Zahl der Einwohner betrug 1939, die Soldaten nicht mitgerechnet, ungefähr 85 000. Von ihnen lebten 25 000 auf dem rechten Oderufer.

Gerichtsgebäude in der Bachgasse (um 1930).

Das Katastrophenjahr 1945

Das schlimmste Jahr in der Geschichte der Brückenstadt an der Oder ist das Jahr 1945. Durch die Ereignisse dieses Jahres wird ihr äußeres Bild und weithin auch der innere Zustand der Stadt bis heute geprägt. Seit 1945 ist die Stadt geteilt durch die im Krieg von Stalin mit Billigung der Westmächte gezogene Grenze an der Oder und Lausitzer Neiße. Zwar wurden die 1945 gesprengten Brücken inzwischen wieder aufgebaut, aber aus der Brückenstadt wurde durch sowjetisches Diktat eine Grenzstadt. Die beiden Stadtteile finden zu keiner gemeinsamen Sprache, sondern wenden sich abweisend, zuweilen feindlich den Rücken zu.

Bis auf einen Bombenangriff am 15. Februar 1944, der etwa 100 Todesopfer forderte, blieb die Stadt bis zum Januar 1945 von Kriegshandlungen verschont. Am 12. Januar 1945 begann die Rote Armee ihre große Offensive im Raum Warschau. Am 21. Januar erreichte der Flüchtlingsstrom aus dem Posener Land die Stadt. Flüchtlingselend ergoß sich aus Eisenbahnzügen und Trecks über die Stadt. Die offene Stadt wurde am 26. Januar zur Festung erklärt und veränderte durch die Anwesenheit von Fronttruppen ihr Gesicht. Am 30. Januar schlugen die ersten Geschosse in die Wohnviertel ein. Die halbwegs geordnete Evakuierung der Zivilbevölkerung begann. Die Rote Armee hatte am 1. Februar in breiter Front die Oder erreicht. Schon in den letzten Januartagen

Nachträgliche Propagandaaufnahme zur Besetzung der Stadt durch die Rote Armee, 23. 4. 1945 (Wilhelmsplatz/Ecke Logenstraße).

drangen feindliche Vorposten bis in die Sonnenburger Straße der Dammvorstadt vor. Doch konnten diese Truppen aufgehalten werden. Die Front stabilisierte sich ostwärts der Dammvorstadt.

Über dem Sternberger Land und der Neumark brach der Terror der Roten Armee mit Mord, Vergewaltigung, Verschleppung und Erniedrigung

hinein. Kein Vertreibungsgebiet hat derart hohe Verluste bei der Zivilbevölkerung erlitten wie die östliche Mark Brandenburg. 257 000 Menschen, 41,7 % der Zivilbevölkerung, verloren durch Krieg und Vertreibung ihr Leben. Nur ein Drittel der Bevölkerung konnte noch vor dem Einbruch der Sowjets fliehen. Die hier eingesetzten Truppen des sowjetischen Mittelabschnitts erreichten zum

Bekanntmachung

Volkssturmmänner, die noch nicht zum Volkssturmdienst einberufen sind, ganz gleich ob 1., 2. oder 4. Aufgebot, melden sich zum Appell am Dienstag, dem 13. Februar 1945 um 18 Uhr bei ihren Bataillonen.

Volkssturmmänner, die noch in Arbeit stehen, haben eine Bescheinigung ihres Betriebsführers mitzubringen, daß sie in ihrem Betrieb noch dringend als Arbeitskraft gebraucht werden. Betriebsführer, die Arbeitskräfte, trotzdem nicht genügend Arbeit vorhanden ist, festhalten, werden wegen Zersetzung der Wehrmacht bestraft.

Wer sich nicht meldet, oder seine Meldung veranlaßt, von dem wird angenommen, daß er das Stadtgebiet ohne Genehmigung verlassen hat.

Es melden sich:

Batl. 142	*v. Podbielski*	*(2. Aufgebot)*	*im Rathaus*
Batl. 144	*Dübe*	*(2. Aufgebot)*	*Volksküche Litzmannstraße*
Batl. 512	*Brache*	*(4. Aufgebot)*	*Ufa-Theater*

Volkssturmmänner des 1. Aufgebotes sämtl. Bataillone melden sich im hinteren Saal des „Nürnberger Hof".

Volkssturmmänner sämtlicher Aufgebote, die von Frankfurter Volkssturm-Bataillonen noch nicht erfaßt sind, sich z. Zt. aber im Festungsbereich aufhalten, melden sich auch im „Nürnberger Hof" und müssen nachweisen, ob sie ein Arbeitsgebiet haben oder nicht.

Es wird nochmals darauf aufmerksam gemacht, daß das Verlassen des Festungsbereiches, auch wenn dies im behördl. oder betriebl. Auftrage erfolgt, ohne Urlaubsschein des Volkssturmes verboten ist. Nur Batl.-Führer und die übergeordneten Dienststellen des Deutschen Volkssturmes sind berechtigt, Beurlaubungen auszusprechen. Beurlaubungen der Jahrgänge 95 und jünger erfolgen nur durch den Unterzeichneten.

Frankfurt (Oder), den 11. Februar 1945.

Kalz
Kreisleiter.

Bekanntmachung

Nach der weitgehendst durchgeführten Auflockerung sind immer noch Frauen und Kinder und nicht volkssturmpflichtige Männer in der Stadt, die keine Aufgabe mehr haben.

Alle diese Frauen ohne Aufgabe und nicht volkssturmpflichtige Männer werden hiermit letztmalig aufgefordert, das Stadtgebiet zu verlassen.

Wer ein Reiseziel hat, kann die Stadt mit fahrplanmäßigen Zügen verlassen und für diejenigen, die kein festes Ziel haben, steht auf dem Güterbahnhof Sanssouci am 9. Februar ein letzter Sonderzug ab 15 Uhr bereit. Abfahrt 18 Uhr.

Die Betriebsführer und Behördenleiter werden aufgefordert, alle entbehrlich gewordenen Frauen und nicht volkssturmpflichtige Männer vom Arbeitseinsatz zu entbinden.

Wer nach dieser Aufforderung aus obigem Personenkreis noch in der Stadt verbleibt, tut dies in eigener Verantwortung.

Für die im Arbeitseinsatz in Frankfurt (Oder) verbleibenden Frauen ergehen zu gegebener Zeit besondere Anweisungen.

Frankfurt (Oder) 8. Februar 1945.

Kalz
Kreisleiter.

„Festung" Frankfurt, Februar 1945.

erstenmal rein deutsch besiedeltes Reichsgebiet und folgten den Mord- und Vergewaltigungsaufrufen ihrer Rachepropaganda.

Frankfurt wurde durch die deutschen Behörden systematisch von der Zivilbevölkerung geräumt. Bis Mitte April funktionierten der Eisenbahnverkehr und die Versorgung. Damals lebten noch knapp 8000 Einwohner in der Stadt. Militärisch gefährlich war ein sowjetischer Brückenkopf, der seit März im Eichwald südlich der Stadt bestand. Der im Frankfurter Abschnitt kommandierende General Theodor Busse (übrigens ein gebürtiger Frankfurter) und Stadtkommandant Oberst Biehler gaben nach Beginn der letzten sowjetischen Offensive am 16. April die Dammvorstadt auf und ließen die Oderbrücke am 19. April sprengen. Angeblich forderten die Sowjets am 22. April

Biehler zur Kapitulation auf. Nach seinen eigenen Angaben erhielt Biehler keine derartige Aufforderung. Da die Stadt auf der Westseite nicht eingeschlossen war, war eine Kapitulation nicht notwendig. An diesem Tag warfen die Sowjets eine Bombenreihe vom Hohenzollernplatz bis zur Oder ab. Es entstanden keine großen Brände. Die Innenstadt, nördlich der bombardierten Zone gelegen, war so gut wie unbeschädigt. Am gleichen 22. April zogen die letzten kampffähigen Verbände und der Volkssturm ab. Am 23. April ab vier Uhr früh rückten von allen Seiten Rotarmisten in die unverteidigte und menschenleere Stadt ein. Nach der systematischen Plünderung begann ab 24. April die Brandschatzung der nahezu unzerstörten Stadt durch besondere Brandkolonnen aus Russen und Polen. Die Brände dauerten circa sechs Wochen. Jeden Abend brannte ein anderer Stadtteil und andere Häuser. Ein „schaurig-phantastischer Anblick" berichtet ein Augenzeuge. So wurde die ganze historische Altstadt vernichtet. Frankfurt erging es wie den meisten ostdeutschen Mittel- und Kleinstädten: es wurde nicht im Kampf, sondern nach der Eroberung durch marodierende Soldaten, entlassene Zwangsarbeiter und Polen zerstört. Kasernen, Gefängnisse und die Wohnviertel, in denen die Offiziere hausten, blieben erhalten. Wenn also bis 1989 in Frankfurt ständig behauptet wurde: „65 % der Gebäude der Stadt wurden durch sinnlose Sprengungen und Brandlegungen von der SS zerstört", so entspricht das nicht den Tatsachen. Die nationalsozialistischen Verbrechen sind schlimm genug; Verbrechen anderer totalitärer Mächte dürfen um der Wahrhaftigkeit willen nicht verschwiegen werden.

Wir sind aufgrund von Augenzeugenberichten, die wir gesammelt haben, über die Leiden der Zivilbevölkerung in den ersten Nachkriegsjahren gut unterrichtet. Manche Frankfurter kehrten gleich nach dem Zusammenbruch in die Heimat zurück, unzählige Vertriebene strömten in die Stadt.

Vor der Potsdamer Konferenz wurde zunächst im Juni 1945 von den Polen ein 100 km breiter Streifen ostwärts von Frankfurt von Deutschen entleert. Auch die nach Beendigung der Kampfhandlungen zurückgekehrten Bewohner der Dammvorstadt wurden Anfang Juni 1945 über die von den Rotarmisten erbaute Pontonbrücke nach Westen getrieben. Die Frankfurter litten unter Hunger, einer Typhusepidemie, Plünderungen, Drangsalierungen aller Art und der Rechtsunsicherheit. Die Sowjets hatten Dr. med. Ernst Ruge, leitender Arzt am Städtischen Krankenhaus, zum Oberbürgermeister eingesetzt. Die wahre Macht übten aber Sowjetoffiziere und deutsche Kommunisten aus.

Frankfurt erlangte in dieser Zeit einen schlimmen Ruf. Zahllose Kriegsgefangene, Zivilverschleppte und sonstige Häftlinge der Sowjets wurden nach Osten transportiert. Ihnen kamen die Elendszüge der Vertriebenen entgegen. Schließlich kehrten über Frankfurt in den nächsten zehn Jahren Hunderttausende von Kriegsgefangenen aus der Sowjetunion zurück. Viele wurden tot aus den Waggons geladen, andere starben an Straßenrändern oder in Vorgärten. Die Überlebenden wurden in Gronenfelde entlassen. Tausende wurden in Massengräbern beigesetzt. Auf einen der beiden Friedhöfe hat man in den achtziger Jahren Neubauten gesetzt.

Die gesprengte Oderbrücke Mitte 1945 (Blick auf die Dammvorstadt).

Frankfurt 1949: Jüdenstraße von der Richtstraße aus.

*Ecke
Logenstraße/
Wilhelmplatz
(gegenüber der
Hauptpost).*

Von 1945 bis zur Gegenwart

Durch das Potsdamer Protokoll der Siegermächte wurde Frankfurt an der Oder geteilt. Der Ostteil der Stadt steht seit dem Sommer 1945 unter polnischer Verwaltung (siehe nächster Abschnitt). Erstmals in der Geschichte wurde der verbindende Oderstrom zur künstlichen Grenze gemacht. Unter dem Druck der Sowjetunion wurde eine im Krieg diktierte Linie pathetisch zur „Oder-Neiße-Friedensgrenze" verbogen. Alle möglichen Versuche, durch Regierungs- und Parteierklärungen, Massenaufmärsche, Feste aller Art das Mißtrauen zwischen den „sozialistischen Brudervölkern" abzubauen, scheiterten. Die zerrissene Stadt mußte sich in die Funktion einer Grenzstadt hineinfinden.

Wie in den meisten oder fast allen Städten der Sowjetischen Besatzungszone wandelte sich die Bevölkerung von Grund auf.

Nur etwa 20 % kehrten in die zerstörte Stadt zurück. Zahlreiche Vertriebene siedelten sich an. Von ihnen sei der Nobelpreisträger Klaus v. Klitzing erwähnt, der seine Schulzeit in Frankfurt verbrachte. Das Leben in der zutiefst getroffenen Stadt verlagerte sich in die Außenbezirke; besonders nach Beresinchen; der Bereich der Leipziger Straße; gewann an Bedeutung. Die Sicherung der nackten Existenz, der Kampf gegen Hunger, Seuchen, Kälte und Obdachlosigkeit nahm alle Kraft in Anspruch. Ständige Übergriffe der Besatzungsmacht und Verhaftungswellen säten Mißtrauen und gefährdeten das Erreichte. Aller mutige Einsatz von einzelnen, alles tapfere Ausharren, alle Bemühungen, die bittere Not zu wenden, verdienen hohe Anerkennung.

Die Beseitigung der Kriegsschäden nahm viel Kraft in Anspruch. 28 % der Wohnungen waren total zerstört, fast 40 % beschädigt. Da ein schneller Wiederaufbau nicht möglich war, entschloß man sich, die Ruinen der Altstadt abzureißen und dort zunächst eine leere Fläche liegen zu lassen. Selbst „noch in den Jahren 1962 bis 1965 waren ernstzunehmende Versuche unternommen worden, um das Stadtzentrum in das südwestliche Stadtgebiet zu verlagern". Das beschädigte Rathaus wurde dann doch in den fünfziger Jahren wieder aufgebaut. Das Frankfurter Theaterleben

St. Marien in Trümmern.

Hauptbahnhof um 1950.

wurde ab 1946 im nunmehr „Kleisttheater" genannten Musikheim fortgesetzt. Zahlreiche politische Gefangene kamen in Frankfurt um (im Gefängnis an der Oder fanden auch Hinrichtungen statt). Kaiserin Hermine, geborene Prinzessin Reuß, die 2. Frau Kaiser Wilhelms II. verstarb am 7. August 1947 in sowjetischer Gefangenschaft.

Mehr als durch die Eingemeindungen der benachbarten Dörfer (1947: Güldendorf-Tzschetzschnow, Kliestow, Lichtenberg, Markendorf, Rosengarten. 1973: Hohenwalde und Lossow. 1974: Booßen) gewann die Stadt durch ihre Beförderung zur Bezirksstadt 1952. Nach der Zerschlagung der (von den Sowjets errichteten) Länder durch die SED wurde Frankfurt Zentrum eines der neu geschaffenen, nach wirtschaftlichen Gesichtspunkten abgegrenzten Bezirke. Der Rat des Bezirks nahm seinen Sitz im Gebäude der vormals königlichen Regierung.

„Trümmerfrauen" an der Ecke Logenstraße/Wilhelmsplatz.

Blick von der Hauptpost entlang der Richtstraße auf die Kirchengruppe Nikolaikirche/Franziskanerkirche.

Blick von den Anlagen auf die Reste der Stadtmauer an der Rosenstraße (1950).

Festzug am 1. Mai 1946 in der Leipziger Straße (1. Reihe, 2. von links: Oberbürgermeister Dr. Ruge).

1952 begann bei Fürstenberg (Oder), südlich von Frankfurt, der Bau des Eisenhüttenkombinats Ost. Für die Arbeiter entstand Stalinstadt, die „erste sozialistische Stadt Deutschlands", 1961 im Zeichen der Entstalinisierung in Eisenhüttenstadt umbenannt.

Am 17. Juni 1953 kam es in Stalinstadt zu erheblichen Auseinandersetzungen zwischen den Arbeitern und der angeblichen Arbeiterpartei, der SED. In Frankfurt selbst streikten Bauarbeiter am „Grenzbahnhof", dem aus den Trümmern der Altstadt aufgeschütteten Verschiebebahnhof zwischen dem Hauptbahnhof und der Eisenbahnbrücke am Eichwald. Nach der Verhängung des Belagerungszustandes kam es hier zu Verhaftungen. In der Stadt selbst blieb alles ruhig.

Es war das Ziel der SED, Frankfurts industrielle Kapazität zu stärken. Das gelang in erster Linie durch die Errichtung des Halbleiterwerkes 1958 und — nachdem es 1968 nach Markendorf verlegt worden war — durch dessen systematischen Ausbau. 1987 fanden dort 9000 Beschäftigte ihr Brot, darunter 500 Polinnen, die täglich die Oder-Neiße-Linie querten. Das Werk arbeitete zum großen Teil für den östlichen Markt.

Der Wiederaufbau der Stadt, der 1951 in der Bahnhofstraße begann, ermöglichte eine — wenn auch für westliche Begriffe bescheidene — Unterbringung der Menschen und später eine erhebliche Steigerung der Bevölkerung. Man wird Verständnis dafür haben, daß in den ersten beiden notvollen Jahrzehnten, etwa beim Wiederaufbau

Wiederaufbau in der Bahnhofstraße 1951/53 (im Hintergrund Katholische Kirche).

der Altstadt mit dem Schwerpunkt in der Mitte der sechziger Jahre, auf Qualität nicht geachtet wurde. Fraglich wurde die Stadtplanung mit dem Bau des mit 87 m Höhe maßlosen Hochhauses am Wilhelmsplatz im Jahre 1967 (heute schon dringend der Sanierung bedürftig).

1972 bis 1978 hat man den ganzen Höhenrand westwärts der Altstadt geschmacklos mit vorgefertigten Wohnmaschinen vollgestellt. Nähert man sich der Stadt von Posen her, hat man den Eindruck, daß aus Großmannssucht der ganze Horizont zugebaut wurde. Wenige Städte Mitteleuropas haben derartige Fehlleistungen aufzuweisen. Über die problematische kirchliche Bauplanung der letzten Jahre wurde bereits oben (S. 18) berichtet. Frankfurt ist jedenfalls die einzige Stadt, in der sich die evangelische Kirche völlig aus der Altstadt zurückgezogen hat!

Leninallee.

*Magistrale durch
die Altstadt
(Richtstraße).*

Blick vom Ostufer auf die zerfallende Nikolai(Friedens)kirche, das Untersuchungsgefängnis und die Franziskanerkirche.

Die Dammvorstadt unter polnischer Verwaltung

In ihrer Bausubstanz erinnert die Vorstadt auf dem östlichen Oderufer noch heute stärker an den Zustand vor dem Katastrophenjahr 1945 als die Stadtteile auf dem westlichen Ufer. Nur hört man hier keine deutschen Laute mehr.

Anfang Juni 1945, lange vor der Potsdamer Konferenz, trieben polnische Amtspersonen die auch hierher zurückgekehrten Deutschen, nachdem sie sie gründlich ausgeraubt hatten, „mit Handgepäck" über die Oder. In den Frankfurt benachbarten Dörfern galt die Parole: „Fünf Minuten aus Haus, fünf Minuten aus Dorf."

Die kaum zerstörte Dammvorstadt nennen die Polen Slubice. Wie kommt es zu diesem fremdländischen Namen, der bereits auf polnischen Karten der Zwischenkriegszeit auftaucht? Zwar wird in der Gründungsurkunde von 1253 Zliwitz (siehe oben S. 9) als slawische Siedlung jenseits der Oder erwähnt, aber den Polen erschien dieser Name wohl zu wenig polnisch. Offenbar nahmen sie sich bei ihrer Namenswahl die Residenz der Fürsten Potocki Słubice bei Płock oder Słubice bei Posen (Kreis Gostyn) zum Vorbild. Es gibt in der östlichen Mark vergleichbare Namensübertragungen.

Die Einwohnerzahl lag in dem kaum zerstörten Stadtteil, der 1939 noch 25 000 Einwohner hatte, 1955 bei 4300. Erst die Errichtung einer Textilfabrik 1958, die heute 800 Arbeiter beschäftigt,

101

brachte eine gewisse Belebung. Mehr als dreißig Jahre nach Kriegsende wurde die alte Einwohnerzahl erreicht.

Die polnischen Katholiken haben das Schützenhaus mit seinem Turm in eine katholische Kirche umgewandelt. Inzwischen ist der Neubau einer Kirche geplant. Einige maßvolle Hochhäuser wurden in den letzten Jahren konstruiert.

Leider bestehen nicht nur staatliche Gegensätze. Eine deutliche gefühlsmäßige Distanz erschwert die Verständigung auf beiden Seiten. Das geht über die in Grenzregionen gern betonten Unterscheidungen weit hinaus.

Blick vom Westufer auf die Dammvorstadt.

Das Schützenhaus auf einer Postkarte von 1916.

Die Frankfurter in der Zerstreuung

Etwa achtzig Prozent der im Winter 1945 evakuierten Frankfurter kehrten nach dem Zusammenbruch 1945 nicht mehr in die Heimat zurück. Die meisten gingen in die westlichen Besatzungszonen. 1950 entstand der „Frankfurt(Oder)-Sternberger Kurier: Heimatblatt für deutsche Volksgemeinschaft". Die Monatsschrift wurde von dem ehemaligen Kunersdorfer Förster Arthur Ohm (Lüneburg) herausgegeben. Nach seinem Tod gründete Hanns Ulrich Wein aus Crossen (Oder) in seinem neuen Wohnsitz Soltau 1981 „Die neue Oder-Zeitung". Die mit journalistischem Können vorbildlich redigierte vierteljährlich erscheinende Zeitschrift verspricht in ihrem Untertitel „Informationen zur Vergangenheit und Gegenwart der Mark Brandenburg". Diesem Anspruch wird sie voll gerecht.

Mitte 1989, unmittelbar vor der Wende, übernahm der frühere Chefredakteur der Deutschen Welle, Werner Bader (aus Drossen), Sprecher der Landsmannschaft Berlin-Mark Brandenburg, die Redaktion der „Neuen Oder-Zeitung". − Der Traditionsname „Oder-Zeitung" lebte am Vorabend der ersten freien Wahlen seit 1933 Mitte März 1990 in Frankfurt ebenfalls auf. Das frühere SED-Blatt „Neuer Tag" firmiert jetzt als „Märkische Oder-Zeitung". − Durch die gemeinsamen Zeitschriften und dank deren Mitarbeitern hat sich die Verbindung der vertriebenen und geflohenen Frankfurter mit dem Sternberger Land vertieft. Im Heimatkreis Frankfurt/Oder der Landsmannschaft Berlin-Mark Brandenburg spielen die vertriebenen Frankfurter vom Damm eine wichtige Rolle. Von dort stammt auch der langjährige Heimatkreisbetreuer Gerhard Sckerl.

Das Ende der Teilung Deutschlands und Europas eröffnet allen Frankfurtern beider Sprachen neue Möglichkeiten. Sie gilt es, in Freiheit und Frieden zu nutzen.

Deutsche Demokratische Republik
DER RAT DER STADT FRANKFURT (ODER)
Die Stadt Frankfurt (Oder):
Träger des Vaterländischen Verdienstordens in Silber

Rat der Stadt Frankfurt (Oder),
Große Oderstraße, Frankfurt (Oder), 1200

Herrn
Fritz Zäpke
Stephanstr. 5

D 2280 Westerland-Sylt

Ihre Zeichen,	Ihre Nachricht vom	Hausruf	Unsere Zeichen	Datum
				10.5.1990

Betreff

Auch nach dem Ende der totalitären SED und nach den freien Wahlen blieb in Frankfurt der alte Geist lebendig.

Autobahnbrücke.

Die Zukunft der Brückenstadt

Die Berliner Mauer ist gefallen. Frankfurt ist weiterhin eine geteilte Stadt. Wie Görlitz, Forst, Guben und Küstrin wird die Stadt durch die Oder-Neiße-Linie zerrissen.

„. . . zu Frankfurt auf der Brücke, da liegt ein tiefer Schnee."

Die heutige Situation ist verfahren. Beide Seiten der Stadt stehen sich abweisend gegenüber. Sie zeigen einander auch mentalitätsmäßig den Rükken. Die unerfreuliche Gegenwart scheint nur schwer überwindbar zu sein. Trotz seiner drei Brücken ist das geteilte Frankfurt derzeit keine Brückenstadt. Bis 1989/90 hat das Mißtrauen der Grenzwächter, mit denen man oft unangenehme Erfahrungen machte, und der Despoten über ihnen die Brückenfunktion der Stadt nahezu gelähmt. Der ihr in der Gründungsurkunde übertragenen Aufgabe, die sie bis 1945 erfüllt hat, wird die Stadt derzeit nicht gerecht.

Erst eine Überwindung der Grenzen in Frieden und Freiheit, ein Miteinander von Polen und Deutschen auf beiden Ufern der Oder könnte der Brückenstadt eine gedeihliche Zukunft ermöglichen. Sie wird unter europäisch garantierten freiheitlich-rechtsstaatlichen Verhältnissen Polen und Deutschen Heimatrecht und Zukunft gewähren. In Europa geht es nicht darum, „heilige Grenzen" anzuerkennen, sondern sie zu überwinden, sie zu bloßen Verwaltungslinien abzubauen.

Von Frankfurt aus könnte die daniederliegende, aber ökologisch gesunde östliche Mark Branden-

*Ideen zur Gestaltung
der Stadtmitte
(Modell Anfang 1990).*

burg erschlossen werden. Die sieche Binnenschiff-fahrt auf der Oder könnte wiederbelebt werden.

Die Viadrina-Universität sollte zur Begegnung der Völker wiedergegründet werden (immerhin besteht seit Ende 1983 im Institut für Halbleiter-physik der Berliner Akademie der Wissenschaften ein bescheidener Ansatz in dieser Richtung).

Obgleich die Propaganda aller Seiten uns das Gegenteil einreden will, war Preußen, das Frank-furts Wesen prägte, übernational. Es war Heim-statt für Menschen verschiedener Sprachen und Konfessionen. Das traf zeitweilig auch auf das alte Polen zu. An diese Traditionen ist anzuknüpfen.

Bei der 600-Jahr-Feier der Stadt 1853 beendete König Friedrich Wilhelm IV. seine Rede mit dem Ausruf: „Frankfurt und Friede!" In hohlen Phra-sen hat man in den Jahrzehnten nach 1945 ständig vom Frieden (ohne Freiheit) getönt.

Das Ziel und der Wunsch bleiben:

„Frankfurt und Friede!" Gott schütze Frankfurt.

Zeittafel

5. oder 4. Jahr-tausend v. Chr.	Spuren der ersten Ansiedlungen im Stadtgebiet.
1000 bis 500 v. Chr.	Burgwall von Lossow.
4. Jahrhundert v. Chr. bis 400 n. Chr.	Germanische Siedler.
ab 7. Jahrhundert	Einwanderung der Slawen.
um 1200	Erste deutsche Siedler.
um 1226	Herzog Heinrich I. von Schlesien (Gatte der Heiligen Hedwig) gründet eine Marktsiedlung deutscher Kaufleute.
12. 7. 1253	Markgraf Johann I. von Brandenburg verleiht Franckinfurd/Vrankenvorde das Stadtrecht.
ab 1253	Bau der Marienkirche und der Stadtmauer.
1348	Zweimalige vergebliche Belagerung durch Kaiser Karl IV.
1368	Eintritt in den Hansebund (bis 1518).
1375	Frankfurt gilt als die reichste Stadt der Mark.
1432	Hussiteneinfall.
1506	Gründung der Landesuniversität Viadrina durch Kurfürst Joachim I.
1539	Einführung der Reformation.
16.−18. Jahrhundert	Mehrere Pestepedemien in der Stadt.
1622−1644	Heimsuchung der Stadt durch den 30jährigen Krieg.
1669	Beeinträchtigung der wirtschaftlichen Lage der Stadt durch den vom Großen Kurfürsten erbauten Friedrich-Wilhelm-Kanal.
1669	Frankfurt wird Garnisonstadt.
1686	Aufnahme französischer Hugenotten.
1759	Niederlage Friedrichs des Großen bei Kunersdorf vor den Toren Frankfurts.
18. 10. 1777	Heinrich von Kleist geboren.
1806	Besetzung der Stadt durch die Franzosen.
1811	Verlegung der Universität nach Breslau.
1813−1815	Freiwillige aktive Beteiligung Frankfurter Bürger an den Befreiungskriegen.

1814	Frankfurt wird Sitz des neu gebildeten Regierungsbezirks und des Oberlandesgerichts.
etwa 1825	Anlegung des Wilhelmsplatzes.
1842	Eröffnung der Eisenbahnlinie von Berlin nach Frankfurt; erste Vorstellung des Stadttheaters
1846	Eisenbahnlinie nach Breslau fertiggestellt.
ab 1850	Beginn der Industrialisierung in Frankfurt.
1855	Höhepunkt der Frankfurter Warenmesse.
1870	Eisenbahnbrücke über die Oder.
nach 1870	Ausbau der Garnison; Neubau von Kasernen.
1894/95	Bau der ersten festen Stadtbrücke über die Oder.
1897	Bau des Elektrizitätswerks und Beginn des Straßenbahnbetriebes.
ab 1899	Bau des Krankenhauses, der Baugewerkschule und der Hauptpost.
1904	Neubau des Regierungsgebäudes.
nach 1918	Zuzug von Flüchtlingen aus den Polen zugeteilten Gebieten.
1920	Nach der Ausgliederung Berlins aus der Provinz wird Frankfurt zur größten Stadt der Mark Brandenburg.
1922	Gründung der Reichsbahndirektion Osten; Neubau des Bahnhofs.
1930/34−1945	Hochschule für Lehrerbildung.
1934−1938	Ausbau der Kasernen.
26.1.1945	Kurz bevor die Russen die Oder erreichen, wird die Stadt zur Festung erklärt. Abwehrkämpfe um Frankfurt, Flucht und Evakuierung der Bevölkerung.
22.4.1945	Kampfloser Abzug der deutschen Truppen.
23.4.1945	Kampflose Besetzung durch die Rote Armee.
24.4. bis Anfang Juni 1945	Zerstörung der Innenstadt durch Sowjets und Polen.
Juni 1945	Vertreibung der zurückgekehrten Bewohner der Dammvorstadt durch Polen.
2.8.1945	Offizielle Teilung der Stadt durch die Oder-Neiße-Linie.
nach Mai 1945	Demontagen, Enteignungen und „Aufbau des Sozialismus", nach und nach Flucht der verbliebenen bzw. zunächst zurückgekehrten Teile des ehemaligen „Besitzbürgertums".
1951	Beginn des staatlichen Wiederaufbaus.

1952	Frankfurt wird Bezirksstadt.
1958	Gründung des Halbleiterwerks.
1972–1979	Relativ freizügiger Reiseverkehr über die Oder für DDR-Bürger und Polen. Errichtung von Hochhäusern und Wohnblocks.
9.11.1989	Ende des SED-Staates und der Berliner Mauer.
18.3.1990	Freie Wahlen in der (noch) DDR.
3.10.1990	Tag der deutschen Einheit.

Bibliographie

Ernst Badstübner/Rudolf Hartmetz: Bauschmuck der Backsteingotik in der Marienkirche — Kunstforum. Frankfurt/Oder 1988.

Ernst Badstübner/Hannelore Suchs: Kirchen in Frankfurt an der Oder. Das christliche Baudenkmal, Heft 130. Berlin (Ost) 1987.

Erich Bitterhof (Hrsg.): Das Musikheim Frankfurt/Oder 1929—1941. Beiträge der Jugendbewegung zur preußischen Kulturpolitik, Lehrerfortbildung und Erwachsenenbildung. Burg Ludwigstein 1980.

Hans Fehling: Frankfurt an der Oder im Wandel der Jahrhunderte. Fellbach bei Stuttgart 1965.

Günther Haase und Joachim Winkler (Hrsg.): Die Oder-Universität Frankfurt. Beiträge zu ihrer Geschichte. Weimar 1983.

Gerd Heinrich (Hrsg.): Handbuch der Historischen Stätten Deutschlands. Berlin und Brandenburg. 2. Auflage. Stuttgart 1985 (Artikel Frankfurt/Oder von Heinrich Stümbke und Gerd Heinrich).

Lutz Heydick, Günther Hoppe, Jürgen John (Hrsg.): Historischer Führer. Stätten und Denkmäler der Geschichte in den Bezirken Potsdam, Frankfurt/Oder. Leipzig, Jena, Berlin (Ost) 1987 (Bezirk Frankfurt/Oder bearbeitet von Lutz Heydick und Reinhard Kusch).

Ernst Walter Huth: Die Entstehung und Entwicklung der Stadt Frankfurt (Oder) und ihr Kulturbild vom 13. bis zum frühen 17. Jahrhundert auf Grund archäologischer Befunde. Berlin (Ost) 1975.

Institut für Denkmalpflege: Georg Dehio. Handbuch der deutschen Kunstdenkmäler: Die Bezirke Cottbus und Frankfurt/Oder. Berlin (Ost) 1987 (Artikel Frankfurt/Oder von Ernst Badstübner).

Wilhelm Jung (mit Willy Spatz und Friedrich Solger): Die Kunstdenkmäler der Stadt Frankfurt a. O. Die Kunstdenkmäler der Provinz Brandenburg, Band VI, Teil 2, Berlin 1912.

Erich Keyser (Hrsg.): Deutsches Städtebuch. Band I. Stuttgart/Berlin 1939 (Artikel Frankfurt/Oder, Stadtkreis von Hugo Rachel).

Martin Kießling: Ostmarkbauten. Städtebau in einer Mittelstadt. Stuttgart 1925.

Peter P. Rohrlach: Historisches Ortslexikon für Brandenburg. Toil VII. Lebus. Veröffentlichungen des Staatsarchivs Potsdam, Band 18. Weimar 1983.

Elfriede Schirrmacher: Das Stadtarchiv Frankfurt (Oder) und seine Bestände. Frankfurt (Oder) 1972.

Fritz Timme: Die Entstehung von Frankfurt an der Oder. Zum 700jährigen Gedenken der Stadtgründung vom 12. Juli 1253. Zeitschrift für Ostforschung 3, 1951. S. 497—516.

Herrmann Trebbin: Aus der Vergangenheit des Kreises Lebus und der Stadt Frankfurt a. d. O. 2 Teile, Frankfurt (Oder) 1937 und 1939.

Hanns Ulrich Wein, ab 1989 Werner Bader (Hrsg.): Die neue Oder-Zeitung. Informationen zur Vergangenheit und Gegenwart der Mark Brandenburg. Frankfurt/Oder und das Sternberger Land. Soltau 1981—1989, ab 1989 Köln.

Inhalt

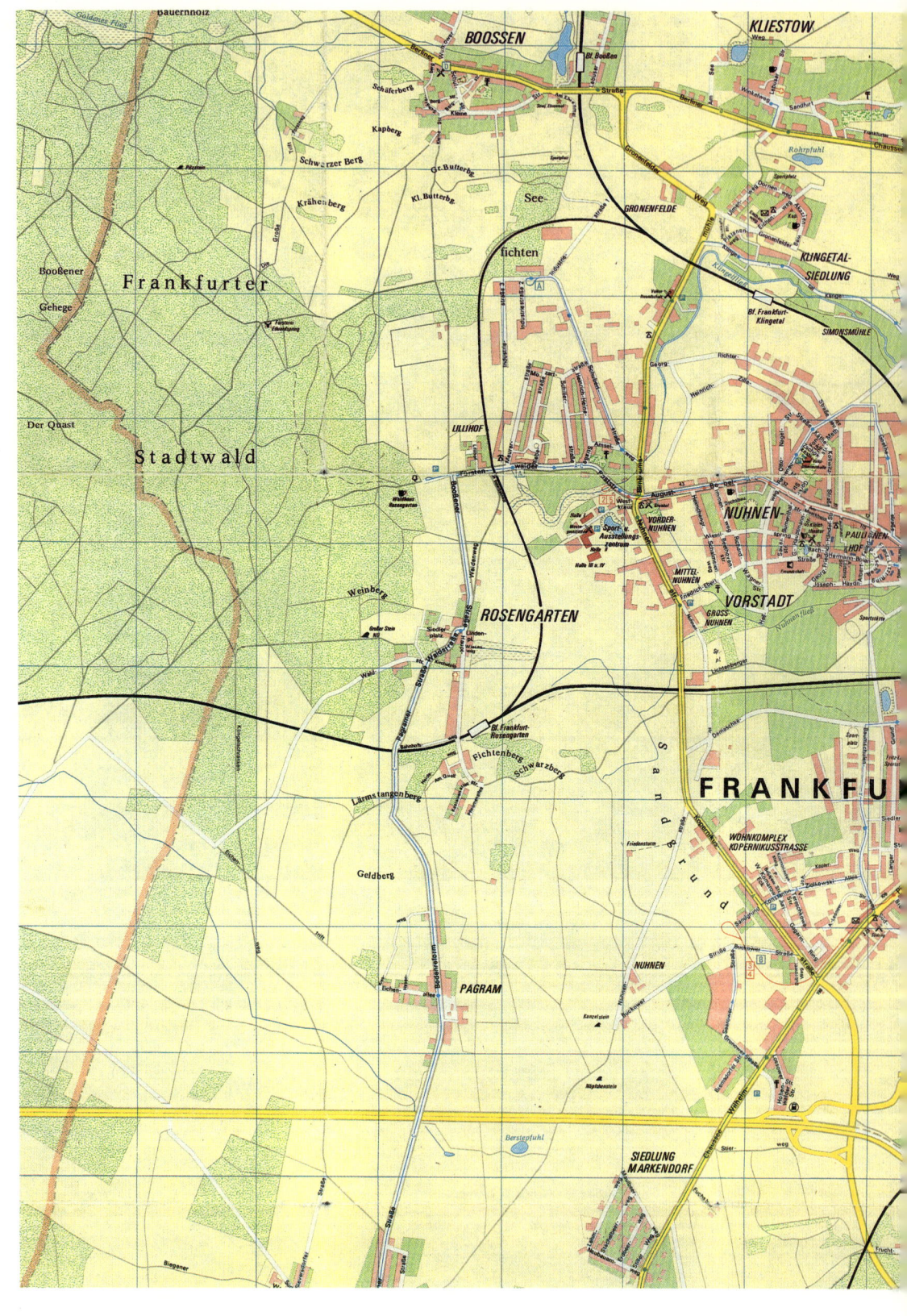